거침없는 여자가 아름답다

BIJO NYUMON (PART2)

ⒸMariko HAYASHI 2000

All rights reserved.

Originally published in Japan by MAGAZINE HOUSE Co.,Ltd., Tokyo.

Korean translation rights arranged with MAGAZINE HOUSE Co.,Ltd.

through TOPPAN PRINTING Co., and SUN AGENCY.

이 책의 한국어판 저작권은 TOPPAN PRINTING과 선에이전시를 통한

MAGAZINE HOUSE와의 독점계약으로 사과나무에 있습니다.

한국내에서 보호를 받는 저작물이므로 무단전재 및 무단복제를 금합니다.

거침없는 여자가 아름답다

하야시 마리코 지음
안수경 옮김

사과나무

옮긴이 안수경

서울에서 태어나 중앙대학교 일어일문과를 졸업했다.
출판기획자로 일했고, 현재는 전문번역가로 활동중이다.
옮긴 책으로 〈예쁘지 않으면 사는 게 괴롭다〉〈나는 명품이 좋다〉
〈너희가 명품을 아느냐〉〈쇼핑의 여왕〉〈아이를 지혜롭게 꾸짖는 비결 99〉
〈칭찬받고 자란 아이 꾸중듣고 자란 아이〉 등이 있다.

거침없는 여자가 아름답다

1판 1쇄 인쇄 2004년 6월 10일
1판 1쇄 발행 2004년 6월 15일

지은이 하야시 마리코
옮긴이 안수경
펴낸곳 도서출판 사과나무
펴낸이 권정자
본문디자인 김성엽
등록 1996년 9월 30일(제11-123)
경기도 고양시 행신동 샘터마을 301-1208
전화 (031) 978-3436
팩스 (031) 978-2835
e-메일 saganamu@chollian.net

값 8,000원

ISBN 89-87162-60-5 03830

* 잘못 만들어진 책은 바꾸어드립니다.

목차 Contents

제1장 나도 미인이 되고 싶다

여자의 다리에는 역사가 있다	11
꽃에게는 물을, 여자에게는 아첨을	15
사생활 침해는 NO!	19
남자를 뇌쇄시키는 여자	23
의상 여왕의 궁핍	27
자기가 선택한 남자는 자신의 거울	31
좋아하는 남자를 위해 목도리를 짜다	35
한없이 미련한 나	39
대체, 당신은 뭐야!	43
비주얼은 괴로워!	47
흰색 구두의 저주	51
스튜어디스의 꽃길	55
고양이 오줌으로 범벅이 된 버킨	59
그녀, 음란하다	63

목차 Contents

불륜도 중독된다	67
내 얼굴은 규격 외?	71
죽어라! 고기감자볶음 같은 여자	75

제2장 멀고 먼 미녀의 길

당신을 위해 지킨 '레스토랑의 절개'	81
파티의 악몽이 되살아나다	85
이제 나도 피어싱족이다	89
옛사진을 보며 감상에 빠지다	93
짠―! 새 집 완성	97
뭐든 욕심내는 마리 양은~	101
멋진 몸매와 섹시함의 법칙	105
파티의 안주인이 되다	109
나의 역사는 비만과의 전쟁	113

잃어버린 사이즈를 찾아서…	117
굴욕의 치수재기	121
몸매가 다르면 옷도 달라진다	125
전설의 왕발	129
나의 다이어트 동료	133
파리에서의 후회	137

제3장 미녀입문, 실천에 들어가다

버킨에 열광하다	143
침대는 기억하고 있다	147
인기 있는 여자는 빛을 이용한다	151
온천에서 돋보이는 여자	155
멋진 몸매를 빌릴 수만 있다면…	159
나의 몸이 목적인가	163

목차 Contents

브랜드의 마법에 걸리다	167
추녀와 노환은 전염된답니다	171
조상 공양 다이어트	175
거침없는 여자가 아름답다	179
내 인생에서 이런 남자만 없다면…	183
연애의 달콤함은 연하의 남자에게서	187
나도 쇼핑의 여왕	191
〈앙앙〉 역사의 절반은 나의 역사	195
내 몸무게는 일급 비밀	199
지금 미인균, 배양중!	203
요리의 즐거움	207
사랑은 쟁취하는 거야	211

제1장 나도 미인이 되고 싶다

여자의 다리에는 역사가 있다

내 다리는 구경거리가 아니야!

어느 날, 내 친구가 이렇게 말했다.

"미국이나 유럽 남자와 결혼하는 여자 말이야, 얼굴은 아무리 못생겨도 다리는 굉장히 예뻐. 한번 자세히 봐."

확실히 주위의 경우를 봐도, 외국인의 아내가 된 여성은 쭉 뻗은 다리를 가지고 있다. 외국 생활을 경험한 탓에, 외교관의 부인이나 일본 지사장 부인 같은 상류사회 그룹에 속하는 여성처럼 다리가 '외국인화' 되어 있다. 스타킹을 신지 않아, 가무잡잡하게 그을린 것이 특징이다. 물론 이런 여성들은 얼굴도 상당히 아름답다.

얼마 전, 주간지에 실린 사진을 보고 있던 나는 느닷없이 '히아—!' 하고 탄성을 올렸다. 내년도 각 회사의 홍보 우먼으로 뽑힌 젊은 여성 다섯 명이 수영복 차림을 하고 있었는데, 그 다리의 길이가 엄청나다. 무릎 위나 무릎 아래가 모두 쭉쭉 뻗었고, 게다가 모양도 예쁘다. 일본 여자의 다리가 이렇게까지 길어졌구나 생각하니 감개가 무량했다.

옛날 일이다. 나는 케냐의 사파리에 갔다. 친한 여자친구 다섯 명이서 투어에 참가한 것인데, 무척 재미있었다. 내륙으로 들어가 매일 트럭을 타고 사자나 코끼리를 보러 다녔다. 야생 코끼리를 보는 것이 처음이어서 나는 꽤 진지한 태도로 여행을 했다. 망원경을 한손에 들고, 하루 종일 동물을 관찰했다.

그런데, 코끼리나 사자만큼이나 현지 사람들을 놀라게 하고 눈길을 끈 것이 있었다. 그것은 나의 다리였다. 당시의 나는 지금보다 훨씬 뚱뚱하고 다리도 뭉뚝했다. 피부색이 하얗기 때문에 더욱 커 보인다. 아프리카 사람들은 잘 알다시피, 지방질이 전혀 붙지 않은 다리를 갖고 있다. 그런 그들에게 나의 다리는, 내가 야생 코끼리를 본 것 이상으로 놀라움이었을 것이다. 더군다나 나는 여행중에 내내 핫팬츠를 입고 있었다. 가이드를 맡은 아프리카인이 내 다리를 자꾸 쳐다보는 것을 느꼈지만, 설마 그가 친구를 데리고 올 줄은 꿈에도 몰랐다.

"봐, 봐, 저 다리."

라고 말하는 듯한 분위기로 모두 내 다리를 주시했다. 그중에는,

"가라테! 가라테!"

하는 단어를 연발하는 사람도 있었다. 즉, 일본의 가라테 무술을 배워서 이렇게 다리가 두꺼워졌다고 말하고 있는 것이다.

정말 비참한 상황이었다. 화를 내기에 충분한 분위기였다. 하지만, 나는 예나 지금이나 케냐에 대해 좋은 인상을 갖고 있다. 왜냐하면,

다리는 사람들의 이목을 끌 만큼 이상했지만, 나의 얼굴은 전형적인 아프리칸 뷰티였기 때문이다. 케냐에서 그림엽서를 샀는데, 그 엽서에 새겨 있는 케냐 미인의 얼굴을 보고, 친구들은 나와 비슷하다고 깜짝 놀랐었다. 케냐에서 너 정도면 소 몇 마리와도 바꿀 수 있겠다는 말까지 했다. 일본에 돌아온 지 몇 년 후, 케냐 관계 파티에 참석했는데, 그쪽 외교관이,

"일본에 온 지 2년 됐는데, 당신처럼 아름다운 여성을 만난 것은 처음입니다……."

라고 말한 것도 사실. 친구는, 세계에 단 하나 그런 지역이 존재하고 있어서 마음의 위안이 되겠다고 몹시 부러워했다.

이야기가 딴 데로 흘렀다. 그 정도로 다리가 두꺼운 나는, 의상에 대해서 다양한 연구를 해왔다. 먼저 스커트의 길이에 신경 썼다. 아무리 유행이라고 해도 '황실 길이'라고 불리는 무릎을 덮는 스커트는 입지 않는다. 그것은 다리를 더욱 뭉뚝하게 보이게 한다. 무릎 위의 미니에 같은 색 스타킹을 신는 것이 나의 스커트 입는 노하우다.

두려운 것은 여름이다. 양말이든 같은 색 스타킹이든 더워서 신을 수가 없다. 여름에는 그래서 맨다리에 반바지 차림이 가장 흔하다. 롱 스커트에 맨발로 샌들을 신는 사람도 가끔 있지만, 이것은 다리털이 잘 빠지는 사람의 옷차림이다.

다리의 무성한 털 때문에 정말 고생해온 나. 믿기지 않을 만큼 비극적인 일도 많이 겪었다. 남자와 바다에 가기로 한 전날 밤, 한밤중에 왁스를 바르기로 했다. 일반적으로, 약품을 사용하기 전에는 사용

설명서를 반드시 읽어야 한다. 하지만, 매사에 덜렁대는 내가 설명서를 펼쳐든 것은, 왁스를 불에 녹여 다리에 처바른 뒤였다.

'바르고 나서 5분 후, 츄잉껌 같은 상태가 되었을 때, 털이 난 방향으로 단숨에 떼어내세요. 완전히 굳기 전에 떼어낼 수 있도록 주의할 것.'

거기까지 읽었을 때, 내 다리의 왁스는 이미 석고처럼 단단히 굳어 있었다. 아무리 힘을 주어 떼어내려 해도 꼼짝도 하지 않았다. 시계를 보았다. 이미 새벽 3시. 아침 7시에 만나기로 했는데, 이를 어쩐다. 눈물이 나왔다. 죽고 싶어졌다. 고민 고민한 끝에, 송곳으로 다리를 찔러보았다. 조금 틈이 생겼다. 그 틈에 손가락을 집어넣어 떼어냈다. 아니, 왁스를 부서뜨렸다. 털이 뜯겨지면서 모공에서 피가 배어났다. 그 고통, 그 고통이란……. 여기에 넌더리가 나서 돈을 모아 미용센터에 다닌 결과, 다리의 털은 말끔히 제거되었다.

오랜 세월의 고통을 이겨낸 탓인가, 내 다리는 꽤 가늘어진 것 같다. 여자의 다리에는 역사가 있다. 얼굴과 마찬가지로 가슴 아픈 사연이 숨어 있는 것이다.

꽃에게는 물을, 여자에게는 아첨을

세상에는 분명한 기준이 있다. 확고부동한 단호한 기준이다. 그것이 무엇이냐 하면, 미인과 자기 자랑의 관계이다.

예를 들어, 나카야마 미호 씨 같은 미인이,

"나는 인기가 좋아요. 자꾸만 남자들이 추근거려서 너무 성가셔요."

라고 말했다고 해서 누구 하나 욕할 사람은 없을 것이다. 아아, 그렇구나 하며 모두 고개를 끄덕일 것이다. 하지만, 용서할 수 없는 것은,

'이런 수준의 여자가, 왜!!'

라는 생각이 들 정도의 여자가, 자신은 인기 있으며, 결코 거짓이 아니라고 강조할 때이다.

여성 작가 중에도 있다. 생각해보면 나는 매우 겸손한 인생이었다. 자랑하고 싶은 것이 많았지만, 주제넘게 입 밖으로 내는 일은 결코 없었다. 그런데 어찌된 일인지, 깜짝 놀랄 만한 외모의 여성 작가가,

"요즘, 나, 너무 인기 좋다."
라고, 아무렇지도 않게 쓰고 있는 것이 아닌가.

지금까지의 나의 인생을 되돌아 보라! 하며 원통의 눈물을 흘리는 일이 최근 많아졌다.

내 친구 중에 이런 여자가 있다. 아무리 봐도 별 볼일 없는 여자 같은데, 남자들은 그녀에게 '귀엽다' 혹은 '매력적이다'라고 말하는 것이다.

내 남자친구도 그녀를 흠모하는 한 사람인데, 그녀에게 이렇게 물어보았다.

"ㅇㅇ씨는 어렸을 때부터 인기 좋았죠?"

"네, 대단했죠."
라고 말하는 그녀.

"순서를 정해서 기다릴 정도였다니까요."

나는 생각한다. 이렇듯 뻔뻔스럽게 말하지만, 대체 그 인기 비결은 무엇인가.

올해 들어 깨달은 것이지만, 대부분의 남성에게는 가학적인 기질이 있다. 특히 요즘 젊은 남자들이 그렇다. 따돌림당하고 싶다, 비난받고 싶다는 망상이 강하다. 여기에서 기가 세고, 성격이 좀 특이한 여자가 등장하게 된다. 인기 있는 여자의 경향을 보면, 타인에게 결코 기를 낭비하지 않는다. 또한 돈도 낭비하지 않는다. 결국 상대 남자가 기와 돈을 낭비하게 되지만, 이것은 여자에 대해 더 집착하는 결과를 낳게 된다. 나처럼 남자와 식사를 할 때마다,

"저기요, 각자 부담하죠. 혼자 다 내시면 제가 미안해서……."

이러면 남자는 금방 눈치 챈다.

"이런, 옛날에 인기 없었나 봐요. 남자한테 밥 얻어먹은 적 한번도 없죠?"

하며 과거를 들추어내려 한다.

지금도 생각나는 일이 있다. 어른이 된 후의 일인데, 당시 사귀고 있던 남자가,

"뭐 사줄게."

하며 보석상으로 데려가려고 했다. 그때는 정말 당황했다. 그도 아직 어린 나이였기 때문에, 사준다고 해도 싸구려 반지가 전부였을 것이다. 하지만, 내 마음속에서,

'그, 그, 그런 비싼 것을'

하는 소리가 들려, 나도 모르게 뒷걸음질치고 만 것이다. 나는 정말 바보였다. 어차피 헤어질 거였으면, 반지 한두 개쯤은 받아도 상관없었을 텐데.

남자의 지갑을 걱정하는 여자는 인기 없음 그 자체이다. 제멋대로이고 교만하며, 그러면서도 미움받지 않는 여자가 되려면, 오랜 동안의 훈련이 필요하다. 하지만, 이것은 얼마나 어려운 일인가. 일주일이나 열흘 정도 훈련했다고 교만함이 몸에 배는 것은 아니다. 이것은 끊임없는 자기 훈련을 필요로 한다. 우선 아침에 일어나면,

"나는 인기 있다. 나는 굉장히 인기 있는 여자다."

를 반복해서 자신에게 말하는 것이다.

"2년 전 그때는 내가 퇴짜맞은 게 아니다. 나의 매력과 신비함을 그 남자가 몰랐던 거다."

하며 과거의 실패를 정당화한다. 그리고 연인과의 하이라이트 장면만 떠올린다. 가슴이 두근거렸을 때, 사랑한다고 말했을 때, 그리고 첫키스를 나누었을 때…… 추억을 잘 편집하면, 누구나 인기 있는 여자의 과거를 가질 수 있다.

나중에는, 아첨 전용 남자를 한 명 확보해둘 수 있다면 금상첨화다. 즉, 백설공주에서 거울과 같은 역할이다.

"당신은 남자들이 내버려두지 않는 타입입니다."

이런 말을 늘어놓는 거울 말이다. 꽃에게는 물, 여자에게는 아첨. 그러면 어떻게 되느냐, 금세 근사한 여자가 될 수 있다. 그리고 인기에 대한 얘기가 화제로 떠오를 때면 분명하게 이렇게 말할 수 있다.

"나는 인기 있었어. 지금도 인기 있다고 생각해."

하지만, 내가 아는 여자들을 모두 적으로 만들고 싶지는 않기 때문에, 이렇게 덧붙인다.

"나는 스타일이 좋은 것도 아닌데, 이상하게 옛날부터 인기가 있었어. 노력을 많이 한 탓인가."

어디까지나 의연하게 말해야 한다. 그러면 여자들도 한수 위로 볼 것이다. 그리고 정말 '인기 있다'는 소문이 쫙 퍼진다. 남자는 이런 소문에 약하기 때문에, 진드기처럼 달라붙을 것이다. 이렇게 되면 박수를 칠 텐데.

사생활 침해는 NO!

・이것은 코트가 아니다

올해 유행하는 롱 재킷을 샀다. 색은 회색이고, 걸쳐 입으면 느낌이 좋다. 그런데, 문제가 생겼다. 나는 롱 재킷을 입었지만, 세상은 그렇게 받아들이지 않는 것이다.

레스토랑에 갈 때마다 종업원들이,

"코트, 이리 주십시오."

라고 말해, 나는 화가 치밀었다. 코트가 이렇게 가벼울 수 있어? 잘 보란 말이야.

또, 나는 가끔 에르메스 버킨을 사용한다. 자랑은 아니지만, 아니꼽게도 버킨을 세 개나 가지고 있다(켈리는 별도). 이런 가방은 조심조심 사용하는 것이 아니라, 마구잡이로 가지고 다니는 것이 비결이다. 따라서 나는 가방을 잠가놓지 않는다. 일부러 막 사용한다. 그러면 지나가던 아줌마가, 다섯 명에 한 명 꼴로 반드시 이렇게 주의를 준다.

"잠깐, 가방이 열려 있어요."

친절하게 말해주는 것은 고맙지만, 나에게 있어서 이것은 엄연한 사생활 침해다.

하지만, 사람에게는 주의를 줄 수 있는 것과 그럴 수 없는 것이 있다는 사실을 요즘 깨달았다. 진짜 비참할 때, 사람은 입을 다물고 마는 것이다. 최근까지 나는 겨울에도 슬립을 입지 않았다. 니트 속에는 달랑 브래지어 하나뿐이었다.

무용학원에 가서 옷을 갈아입을 때, 모두 속옷 차림이 된다. 대개 슬립을 입고 있거나, 교정용 속옷을 입고 있다. 그런데, 나는 아무것도 입고 있지 않아서 다들 깜짝 놀랐다.

"남자를 만날 때 말고는 슬립 같은 거 안 입어요."

하며 으스댔던 나지만, 최근 2, 3년 사이에는 추위를 이기지 못하고 슬립을 입게 되었다. 물론, 소매 달린 것이나 아줌마 전용 속옷은 아니다. 실크로 레이스가 잔뜩 달린 것을 나는 좋아한다.

언젠가 열차에서 내린 나는, 문득 이상한 기분에 치맛단을 내려다보고는 새파랗게 질렸다. 어디에 걸렸었는지 슬립 자락이 삐죽 나와 있는 게 아닌가. 슬립 아랫단의 레이스 부분이 뜯겨져 스커트 밑으로 보이는 것이다. 새초롬하게 살짝 보이는 것이 아니라, 당당하게 일렬로 다 드러나 있었다.

친구가 위로해주었다.

"요즘, 몇몇 디자이너들이 재킷이나 스커트 단에 레이스를 붙이

않니, 모두 그렇게 생각했을 거야. 설마 슬립 단을 내놓고 열차에 탔을 거라고 생각했겠니?"

아마 열차 안에서 나에게 레이스가 삐져 나왔다고 주의를 주는 사람이 있었다면, 나는 죽이고 싶도록 미웠을 것이다, 틀림없이. 자신에 대한 수치심이나 혐오를 타인에게 전가하려는 마음의 표현이다. 남에게 주의를 줄 때는 그 정도의 각오는 하고 있어야 한다. 그런데 다들 어째서 그렇게 아무렇지 않게 남에게 듣기 싫은 소리를 하는 것일까. 특히 옷차림이나 다이어트에 관한 문제에 있어서, 여자들이란 정말 짜증난다.

나는 '여자 로버트 드 니로'라고 불릴 정도로 체중의 변동이 심하다. 10kg쯤은 쉽게 쪘다 빠진다. 지금으로부터 10여 년 전, 내가 진짜 뚱뚱해, 그 유명한 보험금사건의 살인 용의자 아줌마와 비슷한 체형을 하고 있던 시절의 이야기다. 친한 여자친구와 온천에 갔다. 그랬더니, 그녀가 무슨 말을 했다고 생각하는가?

"너는 살 좀 빼라. 그 몸으로 남자한테 안길 수나 있겠니?"

나는 당시 애인도 있었기 때문에, 그 말에 발끈 화를 냈다.

나의 연약함이나 부드러움(?) 때문에, 남에게 이런저런 소리를 듣는 경우가 참 많다. 세상에는 말하기에 만만한 사람이 있는데, 아마도 내가 그런 타입으로 보이는가 보다

멋을 아는 사람이나 센스 있는 사람에게 이런저런 충고를 듣는 것은 좋다. 감사하게 조언으로 받아들인다. 하지만, 화가 나는 것은, 나와 같은 심각한 수준의 여자들이다. 자신도 한심하면서 남에게 트

집을 잡기 때문에 화가 치민다.

나는 작년에 표범 무늬의 근사한 가방을 샀었다. 그러자 그녀는,

"표범 무늬가 다 뭐야, 술친구가 사준 거니?"

라고 말해, 나를 화나게 만들었다. 그녀는 보수적인 타입의 정장을 즐겨 입는데, 전형적인 커리어 아줌마 패션이다. 이런 주제니 유행을 알 리 없지 않은가.

또 몇 년 전의 일인데, 나는 랩 코트를 샀다. 앞여밈이 미끄러지듯 자연스러운 것이 마음에 들었다. 캐멀색으로 발끝까지 닿는 길이였다. 그랬더니, 비서가 무슨 말을 했다고 생각하는가?

"뉴욕의 쇼핑백 레이디* 같아요."

비서는 쓰레기 수집일에 검은색 비닐봉지를 내게 건네며 씩 웃었다. 이런 섬세하지 못한 사람도 나를 슬프게 한다.

아아, 남에게 싫은 소리를 듣지 않는 강한 여자가 되고 싶다. 패션도 몸도 완벽하여, 내가 가진 것은 모든 여자들의 동경이 되고, 유행이 되면 좋겠다. 하지만, 그런 여자가 될 수 없어서 슬프다. 나 같은 수준의 여자가 합세하여 이런저런 말을 하며 뭔가 충고해주려고 할 때가 가장 서글픈 생각이 든다.

---

*쇼핑백 레이디—엄청난 부를 소유하고 있지만, 신변의 위협 때문에 쇼핑백에 자신의 모든 짐을 넣고 신분을 위장한 채 거렁뱅이로 살아가는 여자

남자를 뇌쇄시키는 여자

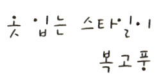

최근 모 출판사 직원인 나카세와 친해졌다. 여성이기 때문에 원래는 나카세 양이라고 불러야 하지만, 주변 사람들 모두 그냥 나카세라고 부른다. 4년 전쯤, 연말 망년회를 열고 있는데 누군가가,

"하야시 씨, '오스케와 하나코'에서 하나코와 닮은 재미있는 여자가 있는데, 부를까요?"

하며 데리고 왔다. 분명 하나코와 비슷하지만, 우리집 고양이와도 영락없이 닮았다. 어쨌든 잘 마시고, 잘 떠드는 여자였다. 혼자 찧고 까불며 원맨쇼를 벌여 망년회장이 웃음바다가 되었다. 그리고 잔뜩 취해서는 거기 온 남자의 목을 꽉 조르기도 했다.

이런 행동은 매력적인 여자가 아니면 용납할 수 없는 일이다. 나카세가 귀엽고 대단히 인기 있는 사람이라는 것은 인정하지만, 어쨌든 코미디언 같다는 것은 틀림없는 사실이다. 하지만, 그녀는 내가 알고

있는 사람 중에서 가장 인기 있는 여성이다. 종종 자신은 인기 있다고 착각하는 여자가 많은데, 모임의 일원으로서 어울리는 사람과, 정말 꼭 와주었으면 하는 사람과는 차원이 다르다. 나카세는 후자 쪽이었다!

젊어서 결혼했는데 금방 이혼했다(상대는 굉장한 미남이었다고 한다). 그후에도 연애를 반복하여, 지금은 19세 연상의 모 유명작가와 동거중이다.

내가 알고 있는 한, 여성 편집자와 작가의 결합은 매우 드물다. 남성 작가는 술모임도 많고, 좀 잘 나간다 싶은 작가는 연예인들이 상대해주기 때문에, 굳이 일 관계로 만난 사람에게까지 손을 내밀지 않는 것이다. 여성 편집자는 그저 노는 상대로 여기는 것이 고작이다. 그런데 나카세는, 하드보일드 계의 쓴맛 단맛 다 겪은 냉정한 남자의 마음을 사로잡은 것이다. 상대는 그녀에게 완전히 빠진 것 같다. 이것이 보통 여자에게 가능한 일인가. 우리는 적의를 품으며 나카세를 '마성의 여인'이라고 불렀다.

여기까지 읽고 눈치 챈 사람도 있을 것이다. 그렇다, 그녀가 나의 책 〈예쁘지 않으면 사는 게 괴롭다〉에 등장했던, 니시아자부 교차로에서 키스를 했던 그 여성이다. 내가 그녀 이야기를 쓴 후, 주위에서 큰 반응을 보였다. 모두들 금방 나카세라는 걸 눈치 챘다고 한다. 나는 그녀에게 물었다.

"그러니까, 니시아자부에서 처음으로 지금의 그이와 키스했다고 했는데, 그게 교차로의 '토토' 고깃집 앞이었죠?"

"하야시 씨, 너무해요."

그녀는 볼을 살짝 부풀리며 애교스럽게 말했다. 이럴 때는 우리집 고양이와 비슷해진다.

"우리가 키스한 곳은 고깃집 앞이 아니라, '중국반점' 앞이에요!"

실례했구나. 그런데 얼마 전, 이 나카세가 연결해주어 나는 〈빅 코믹 스피리트〉의 '과감하게 가위 바위 보!'에 참여하게 되었다. 만화가 겐다이 요코 씨와 같이 식사를 하고, 그후 모두 가위 바위 보를 한다. 그리고 진 사람이 돈을 낸다는 인기 연재물이다. 식사 시작부터 끝날 때까지 나누었던 재미난 얘기는 겐다이 씨가 만화로 엮어낸다.

당일, 레스토랑에 가보고 놀랐다. 나카세는 가슴이 훤하게 드러난 원피스를 입고 있는 것이 아닌가. 가슴의 'Y'자 굴곡이 그대로 드러났다.

"그러니까 만화작업 하실 때, 저의 이 풍만한 가슴을 잘 그려주세요."

뭐야, 뭐, 주인공은 나잖아······.

다들 배부르게 먹고, 실컷 마시고 있는데, 나카세가 차분한 말투로 말했다.

"여자의 성향은 말이에요, 열다섯 살쯤 되면 어느 정도 정해지는 것 같아요."

얼마나 사랑받는지, 얼마나 인기 있는지, 얼마나 모임의 중심이 되는지를 보고, 그녀의 그후 여자로서의 일생이 결정된다는 것이다.

"어른이 된 후 아무리 인기 있어도, 그 마음의 상처를 치유할 수는 없는 것 같아요."

너무나 슬픈 이야기 아닌가. 눈물이 나려고 한다. 실은 나도 얼마 전, 어느 남자로부터 정통으로 이런 말을 듣고 상처를 받은 적이 있었다.

"하야시 씨는 어릴 적에 인기 없었죠?"

"뭘 보고 그런 말씀을……."

화가 난 나.

"그거야 하야시 씨의 마음 씀씀이나, 사람을 대하는 태도 같은 걸 보면 금방 알 수 있죠."

으, 으, 열받는다. 분명 나의 15세는 인기 없던 시절이다. 아무리 어른이 되어 인기가 생겼다고 해도(?), 과거를 덮을 수는 없는 일이다.

이 이야기를 듣던 나카세가 한 마디 한다.

"그러니까, '죽은 사람은 말이 없다'가 아니라, '시골 출신은 말이 없다'가 맞아요. 하야시 씨는 어릴 적부터 자신은 인기 있는 사람이었다고 쓰면 되는 거예요. 중학교 동창들이 시골에서 반기를 들겠지만, 설마 여기 도쿄까지 몰려오겠어요?"

그건 그렇구나 하고 생각했지만, 이미 늦은 감이 있다. 그런데, 문득 현재 '마성의 여인'인 나카세도 마음에 상처를 갖고 있는 것은 아닐까 하는 생각이 들었다.

의상 여왕의 궁핍

이것이 2년 만에 재회한 발렌티노!

이미 6개월 전의 일이 되어버렸다.

와카노하나의 스모 경기를 보기 위해, 편집자 Y씨와 메이지 신궁(神宮)에 간 적이 있다. Y씨는 패션잡지계의 여왕이라고도 불리며, 그 멋과 센스와 지식이 대단한 사람이다.

나도 Y씨를 만날 때는 한껏 멋을 부리지만, 그날은 아침부터 추적추적 비가 내리고 있었다. 빗속에 메이지 신궁의 자갈길을 걸어야 한다는 것을 알고 있었기 때문에, 나는 낡은 구두를 골라 신었다. 예전에 산 것이라 이제 버려야겠다고 생각한 구두다. 버려지기 전에 나에게 마지막 봉사를 할 기회를 주마!

그런데 Y씨의 발을 보고 나는 깜짝 놀랐다. 나와 마찬가지로 가장 악조건의 길을 걸어야 하는데, Y씨는 검은색 에르메스 스니커즈를 신고 온 것이다. 게다가 신제품이다. 나는 곧바로 반성했다.

진정한 멋쟁이는 비가 내릴수록 근사한 신발을 신는다. 어떤 때라도 방심하거나, 칠칠치 못한 모습을 보여서는 안 된다. 이것이야말로 여자에게 있어서 가장 중요한 일이다.

그러던 어느 날, 테츠오에게서 전화가 걸려왔다.(잡지 편집장인 테츠오는 업무상 동료이자 가장 절친한 남자친구다)

"질 샌더의 신작 스니커즈, 상당히 괜찮더라. 사두는 게 좋지 않겠어?"

평소에 나를 무시하는 테츠오지만, 이렇게 부지런히 정보를 주는 것은 정말 고맙게 생각한다.

"흰색과 검은색 두 가지가 있는데, 둘 다 예약해둘까?"

"땡큐, 부탁해."

나도 이럴 때는 고분고분 예의를 표시한다. 그리고, 그 스니커즈를 어제 기오이초 매장까지 가지러 갔다. 거기서 니트를 두 장 샀다. 올 겨울은 스포티 캐주얼로 코디해볼까 생각했다.

질 샌더의 니트는 매우 앙증맞다. 듬성듬성 짠 하얀색 니트에 회색 스커트를 받쳐입고, 타이츠와 스니커즈를 신고 외출한다. 정말 근사한 스타일이지만, 어딘지 이상하다. 흰 니트는 내가 입었더니 매우 뚱뚱해 보여, 꼭 아줌마 체형같이 되어버렸다.

한참 거울을 들여다보고 있는데, 여느 때처럼 테츠오가 들이닥쳤다.

"뭐야 오늘은, 왜 이렇게 촌스러워."

"뭐가 어때서?"

나는 화가 났다.

"이거, 질 샌더 거야. 몇 만 엔이나 준 거란 말이야. 당신 한 달 술값이다."

그런데, 이 말이 그에게 바보처럼 들린 모양이다. 껄껄대며 웃더니 잠시 웃음을 멈춘다.

"야, 간만의 히트다, 히트."
하며 재미있어한다.

"질 샌더라도 입는 사람에 따라 이렇게 달라지는구나. 야, 좋은 공부했다."

나는 힘이 쭉 빠져, 그후로는 그 니트를 두 번 다시 입지 않았다. 이런 옷은 어디로 가느냐. 친척 조카나 주위 친구들 앞으로 보내진다.

원래 나는, 내가 산 옷을 제대로 파악하지 못한다. 그리고, 금방 남에게 주어버리기 때문에, 내가 그 옷을 샀다는 사실조차 거의 기억하지 못한다.

얼마 전, 담당 여성 편집자가 정말로 예쁜 부츠를 신고 있었다.

"와, 그거 멋있네."

"이거 하야시 씨가 주신 거잖아요. 밀라노의 프라다 매장에서 샀는데, 너무 꽉 낀다고 한번 신고 제게 주셨잖아요."

"아, 그랬나……."

그렇군, 이런 곳에서 활약하고 있었구나. 반갑기도 하고 쓸쓸하기도 한 기분. 나와 그 부츠, 참으로 부질없는 인연 아닌가. 나의 추억에 남을 새도 없이 남의 것이 되었다.

그렇지만, 그녀는 매우 기뻐했다.

"프라다 부츠는 하야시 씨가 주지 않았으면 저 같은 사람은 살 수도 없는 거예요."

그녀는 정말 멋을 아는 현명한 여성이다. 일이 빨리 끝나면 반드시 내게 이렇게 말한다.

"저기, 하야시 씨, 어디 쇼핑하러 가실래요?"

그녀가 말하기를, 외국 브랜드 매장은 정말 들어가기 어렵다고 한다.

"하지만, 하야시 씨와 함께라면 괜찮을 것 같아요. 한번도 안 가본 매장이라도 천천히 둘러볼 수 있을 거예요."

그래서, 아오야마와 오모테산도의 큰길에 있는 숍에 같이 갔다. 이곳에서는 최신 유행을 한눈에 볼 수 있을 뿐만 아니라, 젊은 사람 취향의 저렴한 물건을 판매하고 있다.

"하야시 씨 덕분에 지식도 얻고, 5분의 1 가격으로 옷도 사고……."

라고 그녀는 말했다. 이런 때는 나도 남에게 도움을 줄 수 있구나 하는 생각에 뿌듯해진다. 하지만, 도움을 주고 있는 나는 언제나 좀 촌스러운데, 고마움을 느끼는 그녀는 나보다 훨씬 유행의 첨단을 걷고 있다. 단순히 나이와 스타일의 문제만은 아니다. 나는 언제나 손해보는 역할만 한다는 생각이 든다. 나에게 돌아오는 게 전혀 없다.

자기가 선택한 남자는 자신의 거울

친구의 고양이는
마리안이라고 부른다.

귀엽다

 이 책이 출간될 즈음에는 이미 지나간 소식이 되어 있겠지만, 지금 내 정신을 쏙 빼놓는 것은 마리안의 이혼이다. 매일 아침, 멍하니 와이드 쇼를 보고 있다.
 생각해보면, 12년 전 결혼했을 때부터 나는 줄곧 그녀에게 흥미를 느끼고 있었다. 인형처럼 예쁜 탤런트와 돈 많은 남자와의 결혼은, 당시 그림에나 볼 수 있는 꿈 같은 결합이었다.
 도쿄 사람들은 잘 알고 있겠지만, 도쿄의 니시아자부에 '캔티' 지점이 있다. 나 같은 사람은 너무 비싸 좀처럼 갈 생각도 않지만, 테이블의 절반은 연예인이 차지한다는 근사한 레스토랑이다. 이 레스토랑 앞을 지나가고 있는데, 누군가가,
 "이 위에 마리안 남편의 회사가 있어요."
라고 가르쳐주어, 그후로는 나도 다른 사람들에게 가르쳐주었다. 골

프장과 부동산 사무실을 경영하는 회사인데 규모가 꽤 크다. 그는 이런 도쿄의 노른자 땅에 회사를 갖고 있을 정도로 부자다.

훨씬 전, 롯폰기에 '벨파레'가 오픈했을 때, 아키모토 야스시 씨가 구경시켜준다고 해서 같이 갔었다. 아키모토 씨와 함께였기 때문에, 물론 VIP룸을 제공받았다. 업계의 유명인들과 정말 예쁜 여자들이 노닥거리고 있었다. 나와 사이몬 후미 씨는 흥미진진하게 주위를 둘러보았다.

"역시 이런 데는 마리안 부부가 제격이에요."

무슨 말인가 하면, 돈 많은 부자와 미인의 결합인 마리안 부부는, 도쿄의 화려한 밤에 전혀 부족하지 않은 사람들이었다는 말이다. 행복해 보였고, 좋아 보였다. 그런데, 와이드 쇼에 출연한 그녀는 눈물을 흘리면서 말한다.

"외로운 결혼생활이었어요."

"그이의 여자 문제는 심각했어요. 게다가 부모가 시키는 대로만 하는 남자였구요."

그녀의 기분은 이해하지만, 아마 TV를 보고 있는 사람들은 아무도 그녀를 동정하지 않을 것이다. 자그마치 위자료 5억 엔, 다달이 양육비 150만 엔을 요구한 그녀에게 다들 질려버렸을지도 모른다.

더구나 그녀의 남편은 여자들에게 매우 인기 있는 사람이다. 부자인 데다 젊고 잘생겼기 때문에, 여자들에게 인기가 없다면 이상한 일일 것이다. 탤런트와 결혼한 만큼 그쪽으로 인맥도 있을 것이고, 그런 세계를 이해하지 못할 리 없다. 그런데 어째서 그녀는 이혼하려고 할까……그것은 제3자의 생각이고, 본인은 남편과 그 가족을 자기 힘으로는 바꿀 수 없다고 생각했을 것이다.

뭐, 그건 그렇다 치고, 나는 헤어진 남자에 대해 악담하는 여자를 경멸한다.

그것은 여자의 값어치를 굉장히 떨어뜨리는 짓이다. 나의 젊은 친구 중에는,

"그에게 돈을 많이 들였는데……."

"내 친구와 눈이 맞았어."

라는 말을 아무렇지도 않게 하는 사람이 있어, 나는 깜짝깜짝 놀란다. 너, 그런 너절하고 수준 낮은 남자와 사귀고 있었니? 하며 쏘아주고 싶은 생각이 들 때도 있다.

나는, 남성에 대해 감사하는 마음밖에 없다. 지금이야 이 정도나 됐으니 다소 아껴주는 사람도 있지만, 옛날에는 볼품없는 시골 출신의 뚱보였다. 패션 감각도 없어서 남 보기에 흉할 정도였다. 그런 나에게 어쨌든 애정을 가져준 사람들을 어떻게 미워할 수 있는가. 다른 여자와 바람이 나서 나를 떠났거나, 그에게 호되게 퇴짜맞았다고 해도, 이제 와서 생각해보면 좋은 추억이다.

바람결에 그의 소식을 듣거나, 친구가 그에 대해 물으면,

"정말 좋은 사람이었어. 난 정말 그때 좋았어. 내가 채이지만 않았어도……."

이렇게 어른스럽게 대답했다. 그러면 친구가 이렇게 말한다.

"그 남자는 자기가 차였다고 말하던데."

얼마나 좋은 남자인가. 나는 눈시울이 뜨거워졌다. 나는 그렇게 체면을 따지는 여자가 아니기 때문에 분명하게 말하겠지만, 차인 것은 나였다. 그런데 시간이 지나자 그는 나를 감싸주었다. 내가 남자 보는 눈은 정확하다고 더욱 확신하게 되었다.

뭐, 이렇게 근사하게 말할 줄 아는 나지만, 사건 당시는 격분했었다. 울며불며 여자친구들에게 전화를 걸었다. '형편없는 남자'라고 욕했을지도 모른다. 하지만, 젊은 여자가 헤어진 남자에 대해 악담을 하는 것은 어느 정도 용서할 수 있다. 상당히 너그럽게 봐줄 수 있다.

내가 싫어하는 것은, 결혼한 남자, 더구나 자기 아이의 아버지를 험담하는 그 근성이다. 결혼이라는 선택은 가벼운 일이 아니다. 연인으로 사귀는 것과는 수준이 다른 얘기다. 여자가 그때까지 살아온 세월, 지혜와 미의식, 지금까지의 금전감각과 인생관을 묻는 작업이다. 남편 험담을 하는 것은, 그런 남자를 선택한 자신이 얼마나 바보인지 천하에 드러내는 일이다.

'가족으로서 내가 선택한 남자는, 바로 나 자신이다.'

돈이 없어도, 엘리트가 아니어도, 성실하고 착한 남자를 남편으로 맞는다면, 그것은 자기 자신이 성실하고 착한 인간이라는 뜻이다, 라고 생각하고 싶다.

좋아하는 남자를 위해 목도리를 짜다

・이 세상에서
태워버리고 싶은 것은,
그녀가 짜준 털스웨터라고
테츠오는 말했다.

백화점 상품권이 3만 엔어치 모였다.

그래서, 신주쿠의 백화점에 쇼핑하러 가기로 했다.

평소에 나는 백화점에 잘 가지 않는 편이다. 집을 나서면 바로 오모테산도 거리에 들어서기 때문에, 부티크나 단품 숍을 주로 이용한다. 사소한 것은 기노쿠니야나 상점가에서 충분히 해결할 수 있다.

백화점을 좋아하는 사람은 아줌마라고 생각하는 것은 아마도 편견일 것이다.

어쨌든 이 3만 엔 때문에 나는 무척 즐겁다. 물론 나는 더 비싼 정장을 거리낌없이 산 적도 있지만, 카드를 사용하는 것보다 훨씬 기분 좋다. 가끔 이벤트 행사에서 '10만 엔짜리 백화점 상품권 증정'이라고 내걸기도 하는데, 그 당첨자의 기분이랄까.

내가 가장 먼저 간 곳은 하비 매장의 수예용품 코너이다. 얼마 전부터 뜨개질을 시작했다. 뜨개질을 하는 것은 20여년 만의 일이다. 그 옛날 고등학생 시절, 내가 좋아하던 남자애가 럭비부에 있었는데, 그애가 유니폼의 벨트를 짜달라는 부탁을 해왔다. 유니폼 바지가 잘 흘러내리기 때문에, 털실로 짠 벨트로 꽉 매주어야 한다는 것이다. 럭비는 상대와 격하게 부딪치면서 하는 경기라서 일반 벨트는 사용할 수 없고, 부드러운 털실로 짠 벨트가 적당하다고 한다.

당시 내가 다니던 학교에서 럭비부 소속 남학생은 그야말로 스타였다. 그 럭비부 남학생의 벨트를 짠다는 것은, 데이트 신청을 받은 것과 같은 수준의 일이다. 나는 물론 크게 기뻐하며 짜주었다. 하지만, 쩨쩨한 어머니는 자투리 털실밖에 주지 않았다. 그래서, 녹색과 분홍색이 조화를 이룬 이상한 벨트가 된 것이 두고두고 유감스러웠다…….

그후로도 몇 번, 좋아하는 남자애를 위해 머플러를 짠 적이 있다. 어느 통계에 의하면, 여자로부터 받은 가장 곤란한 선물은, 손으로 짠 머플러나 스웨터라고 한다. 하지만 여자들은, 그런 것에 개의치 않고 짜주고 싶을 때가 있다. 상대가 어떻게 생각하든, 하여튼 짜고 싶다! 이런 충동으로 냅다 일을 저지른다.

오랜만에 그 발작이 다시 일어났다. 잡지를 읽다보니 '초보라도 누구나 할 수 있는 조끼'라는 제목이 눈에 띄었다. '누구나'라는 문자가 나를 유혹했다. 그 잡지사에 전화를 걸어 털실을 주문한 것이 일주일 전의 일이었다. 실뜨기의 기본조차 모두 잊어버렸지만, 바늘을 이리저리 움직여보니 그런 대로 모양이 나오는 것이 아닌가! 옆에서 지켜

보던 남편도 놀라워했다.

무슨 일이든 질릴 때까지 해야 직성이 풀리는 나. 이번에는 모양뜨기에 도전하기로 했다. 한번도 해본 적은 없지만, 이쯤 되면 입문서를 보고도 충분히 할 수 있다. 진짜로.

나는 수예용품 매장에서 책을 몇 권 골라, 거기에 나와 있는 실타래를 사왔다. 실을 살 때 어떤 것을 사야 하는지도 몰라서 점원에게 골라달라고 했다.

그리고 옆의 편지지 코너로 갔다. 나는 이래봬도 문필가다. 맛있는 음식을 대접받았거나, 신세를 졌거나, 내 글을 칭찬해주는 팬레터에는 최대한 보답하려고 한다. 지금은 연말이니까, 어쩌면 글쓰기 좋아하는 사람들의 계절이 아닌가 싶다.

이곳에서 편지지 세트와 엽서 30장 정도 사고, 다음은 가정용품 매장으로 갔다. 겨울 슬리퍼가 낡아져서 새것을 사기 위해서다. 겉은 털목도리처럼 둘러져 있고 안쪽은 보풀이 있는, 부드러운 쉬에드 가죽으로 되어 있는 분홍색의 앙증맞은 슬리퍼가 있었다. 5800엔이면 좀 비싼 가격이지만, 에이, 그냥 사버렸다. 상품권은 이런 맛에 쓰는 거 아닌가.

그래도 상품권은 아직 남아 있다. 마지막으로 화장품 매장에 가서, 클라렌스의 바디 오일을 샀다. 나는 최근, 이 바디케어에 몰두히고 있다. 오일을 발라 마사지를 하고, 마지막으로는 차가운 물로 샤워를 해서 피부에 긴장감을 준다. 매거진하우스에서 출간한, 클라렌스 사장이 쓴 미용책에 의하면,

'30세가 지나면, 따뜻한 목욕은 피하도록 하세요.'
라고 쓰여 있다. 피부가 처지는 원인이 되기 때문일 것이다. 하지만, 나는 가끔 따뜻한 물에 몸을 푹 담그고 싶을 때가 있다. 허브를 넣은 욕조에 들어가 한가로이 잡지를 읽는 때가 가장 행복한 순간이다. 하지만, 피부가 처지는 것은 싫기 때문에, 요즘은 오일 마사지와 냉수 샤워를 실행하고 있는 것이다.

바디 오일을 샀더니 상품권이 2천 엔밖에 안 남게 되었다. 이것은 그대로 두기로 했다.

털실과 털 슬리퍼 덕분에 마음이 따뜻해지는 느낌이 들었다. 그래, 행복이란 이런 작은 데서 시작되는 거야, 라고 나는 생각했다.

여름은, 젊은이는 젊다는 것만으로 빛이 나고, 남녀노소 누구나 행복해 보이는 계절이지만, 겨울은 행복한 사람과 그렇지 않은 사람의 차이가 확연히 드러난다. 그러므로, 노력하지 않으면 안 된다. 작은 것을 소중히 여기고, 남의 일을 부러워하지 않는다. 파크 하이야트 호텔에 묵으며 연인과 크리스마스를 보내는 친구가 있지만, 그깟 게 다 뭐야! 하고 생각하고 싶다.

한없이 미련한 나

내 성격을 한 마디로 말하면 '한번 내 것이 된 물건은 절대 손에서 놓기 싫다!'라는 것이다.

나의 고쳐지지 않는 버릇이라고 친구들은 입을 모아 지적하지만, 헤어진 남자와도 확실하게 선을 그은 적이 없다. 몇 년 동안은 가끔씩 전화를 걸기도 하고, 1년에 한번 정도는 같이 식사를 하기도 한다. 유부녀가 된 지금은 그런 재미와 거리가 멀어졌지만, 그래도 옛 연인의 소식을 듣는 것을 매우 좋아한다.

"지금도 하야시 씨를 기억하고, 행복하게 사는지 묻더라구요."

그와 가까운 사람에게서 이런 말을 들으면, 일주일 내내 기분이 좋다. 그가 아직 독신이라는 말을 들으면,

'그래, 역시 나를 잊지 못하고 있구나.'

하며 내 맘대로 해석한다. 만약 결혼했다고 말하며 아내에 대해 이런

저런 얘기를 들려주면,

"정말 이상한 여자네요. 좋은 여자를 만나길 바랬는데."

라며, 마치 그녀가 악녀라도 되는 듯 말한다.

서로 좋아했지만, 타이밍이 좋지 않아 아무 일도 생기지 않았던 남자친구가 몇 명 있다. 뭐 꺼림칙한 일이 있었던 것도 아니기 때문에, 남편의 공인 하에 전화통화를 하거나 만나거나 한다. 미인에다 인기 있는 여자만 헤어진 남자와 만날 수 있는 것은 아니다. 욕심 많은 나는 그 어느 것도 놓칠 수 없다.

이런 성격이기 때문에, 나는 물건을 쉽게 버리지 못한다. 내 친구 중에는 핸드백을 한 개 살 때나 정장을 한 벌 살 때, 반드시 같은 분량, 같은 종류의 물건을 처분하는 사람이 있는데, 나에게는 말도 안 되는 얘기다.

좁아터진 집안에 정장과 가방과 구두가 널브러져 있다. 그 양이 엄청나다. 최근에는 새로 산 물건을 친척 조카나 여성 편집자에게 주고 있지만, 그것만으로도 도저히 정리가 안 돼, 우리 집은 쓰레기통을 방불케 하고 있다. 정장은 침실을 벗어나 내 작업실을 점령하기 시작했다. 홈쇼핑에서 산 150벌 분량의 수납장도 이미 그 역할을 다하지 못하고 있었다.

너무나 많기 때문에 어디에 무엇이 있는지도 몰라서, 나는 늘 지금 시즌에 산 옷만 죽어라 입고 다닌다.

이런 참상을 더는 눈뜨고 봐줄 수가 없었던지, 남편이 내게 팸플릿을 주었다. 남편이 다니는 카드회사가 제휴하고 있는 재활용 가게 안

내지였다. 신청만 하면 집으로 박스를 보내주기 때문에, 거기에 넣기만 하면 된다고 한다.

남에게 주더라도 유행이 지난 것은 좀 미안하고, 프리마켓은 또 물건값을 너무 싸게 책정한다고 한다. 게다가 요즘 몇몇 재활용 가게에서 사기를 당한 사례도 많기 때문에, 카드회사가 제휴하는 가게라면 안심할 수 있을 것 같다. 어쨌든 올해 안에 고양이뿐 아니라 인간이 걸을 수 있는 공간을 마련하고 싶다.

즉시 전화를 걸었더니, 팔 물건의 리스트를 보내달라고 한다. 그때부터 나의 고뇌의 나날이 시작되었다.

안나 수이 이브닝드레스나, 샤넬 핑크색 수트 같은 것은 두 번 이상은 안 입은 것이기 때문에 포기할 수 있다. 하지만, 정말 고민되는 것은 핸드백이다.

나는 외국에서 핸드백을 그야말로 한가득 사왔다. 이런 여자는 누구나 싫어한다는 것을 알면서도, 켈리와 버킨 등을 몇 개씩이나 사왔다. 옷장뿐 아니라 선반도 꽉 차 여기저기 뒹굴어 다닌다. 프라다, 구치, 펜디……가방 가게를 차려도 될 정도다. 그런데 나는 최근 한 달 동안, 줄곧 하라코의 표범 무늬 가방만 들고 다닌다.

하지만, 가방이란 것은 시간이 지나도 사용할 수 있지 않은가. 켈리 같은 것은 앞으로 20년은 충분히 버틸 것이다……. 그래서 나는 곰곰이 생각한다. 남자와 헤어질까 고민할 때도 지금과 비슷했다.

이 남자와 헤어지고 후회하지 않을까, 이제 두 번 다시 애인이 되어줄 남자가 나타나지 않으면 어떡하지…….

하지만, 과감히 버려야 한다고 다짐했다. 나는 옷장을 열었다. 좋아, 죽을 각오로 에르메스를 정리하자. 역시 켈리와 버킨은 그냥 두자. 하지만, 한 시즌만 유행했던 재미있는 디자인은 숍에 내놓자. 왜냐하면, 딱 봐서 에르메스라는 것을 알 수 없는 것은 찬밥 신세가 되기 십상이다. 어머, 저 촌뜨기, 이상한 가방 들고 있네, 라고 놀림 받을 수 있기 때문이다.

친척 조카에게 선물하는 방법도 있지만, 20대의 직장여성에게 에르메스는 어울리지 않는다. 돈 많은 아저씨라도 물었나? 요상한 아르바이트해서 돈 버는 여자 아냐? 라고 의심받을 수 있다. 이런 것은 열심히 일해서 돈을 벌어, 나이가 좀 들면 가지고 다니는 것이 좋다고 생각한다.

그리고 구깃구깃해진 가방은 폐기 처분하기로 했다. 4년 전에 밀라노 본점에서 산 프라다 에나멜 가방. 나는 마음에 들면 같은 것만 사용하기 때문에 상당히 낡아졌다. 이런 것은 과감히 버린다. 좋은 추억만 간직하면 된다.

가만히 생각해본다. 이런 식으로 남자와 헤어질 수 있었다면, 나는 더 멋진 여자가 되지 않았을까.

대체, 당신은 뭐야!

나의 어떤 면이
몰개성적이라는 거야?!

택시를 타고, 라디오에서 들려오는 소리에 멍하니 귀를 기울이고 있었다. 진행자는 게스트 여성을 소개했다. 나도 아는 여성인데, 여성잡지에 자주 등장하는 번역가 겸 수필가이다.

나는 단언하건대, 이 업계에서 수필가라고 불리는 여자가 가장 의심스럽다. TV나 잡지에 나가고 싶지만, 탤런트라고 불리는 것은 싫다. 작가라고 불리는 이유는, 소설을 쓴 적은 없지만, 책이라면 한 권 낸 적이 있다……이런 젊은 여자가 요즘 부쩍 늘어난 듯싶다.

하지만, 그 여성은 꽤 나이가 들었고, 책도 몇 권 발표했다. 상당히 똑똑한 사람이다. 프랑스의 패션과 정보에 정통하여, 그 방면의 대가라고 해도 좋을 것이다. 게다가 미인이다. 이런 사람이 하는 말은 설득력이 있다. 나는 어느 샌가 자세를 추스르고 듣고 있었다.

진행자 아저씨가 말한다.

"빠리 여성은 정말 화려하고 멋있지요. 그곳에 가면, 일본의 젊은 여성은 모두 개성이 없게 보일 거예요."

오잉? 이 아저씨가 몇 살인지는 알 수 없지만, 목소리를 들으니 50대나 60대 정도인 것 같다. 당신, 대체 시부야나 하라주쿠에 가본 적 있어? 하고 나는 묻고 싶어졌다.

나는 그 번역가 겸 수필가의 발언에 기대를 걸었다. 분명 일본의 젊은 여성을 변호해줄 거라고 생각했다. 그런데 어이없게도 그녀의 말이 더 가관이었다.

"정말 일본의 젊은 여성은 개성이 없고, 멋을 몰라요. 지나치게 유행만 좇다보니, 스타일이 다들 비슷비슷하거든요. 그에 비하면 빠리의 여성들은, 할머니 할아버지에게서 물려받은 옛것과 새것을 조화하는 센스가 뛰어나죠……."

뭐라고? 나는 정말 깜짝 놀랐다. 타임머신을 타고 20년 전의 택시에 타고 있는 착각이 들 정도였다. 지금, 일본에서 이런 말을 하는 사람이 있다는 것이 믿어지지 않았다.

빠리뿐만 아니라, 프랑스 여성은 매우 멋쟁이라는 것은 인정한다. 싸구려 옷을 센스 있게 입는 능력이 탁월하다. 하지만 그것도 금발이나 갈색머리일 때 더 빛이 나는 것이다. 금발을 틀어올리고 핀을 꼽으면, 그것만으로도 충분히 멋스럽다. 롱 다리에 바지를 입고, 남성 블루진을 걸치면, 그것만으로도 근사한 파리지엔느가 연출되어, '멋쟁이 사진대회'에 나와도 좋을 정도다.

그렇지만, 일본의 여성들은 아직까지 키도 작고 다리도 짧다. 얼굴도 큰 데다, 검고 뻣뻣한 머리카락을 갖고 있다. 하지만, 모두 대단히 애쓰고 있다.

내가 번화가에 살고 있기 때문에 특별히 관심을 가지는 것일지도 모르지만, 이 나라의 여성만큼 개성에 집착하는 사람들도 없을 것이다. 아직 멋에 있어서는 발전 단계에 있고, 어른의 입장에서 보면 가장행렬 모습처럼 보이는 여자도 있겠지만, 그것도 나름대로 귀엽다. 오늘도 온몸을 핑크색으로 감싸고, 딸기와 팬더 인형을 손에 든 여자애가 라포레 앞을 어슬렁거리고 있었는데, 나는 나도 모르게 발길을 멈추고, '아, 귀엽다'는 생각에 물끄러미 바라보고 있었다. 대체 어떤 면을 보고, "일본의 젊은 여성은 몰개성적이고, 스타일이 전부 똑같다"고 말하는 것인가.

진행자 아저씨는 말한다.

"맞아요, 빠리의 여성은 정말 화려해요. 일본 여성은 무엇 때문에 그렇게 되지 못하는 걸까요?"

그것은 당신이 외국인 콤플렉스를 가지고 있기 때문이야, 라고 나는 화내고 싶어졌다. 하얀 피부와 금발을 흠모하는 아저씨에게 패션을 논하라고 한 것은, 아무리 NHK라도 너무 심했다.

나는 택시 운전사에게 라디오를 꺼달라고 부탁했다. 그리고 다시 평소의(?) 냉정함을 되찾았다. 분명, 이 진행자 아저씨나 여류 수필가가 살고 있는 곳은 고리타분한 동네일 것이다. 모델이라면 〈25an〉이나 〈클래시〉 같은 패션 잡지에 나오는 여성밖에 모르는 사람들일 것이다.

확실히 이런 보수적인 잡지에서는 헤어스타일이나 옷 입는 스타일이 비슷비슷하다. 모두 '교양 있고 우아한 여성'을 테마로 하고 있기 때문에, 스타일이 제한되어 있는 것이다. 그렇더라도 최근의 패션은, 보수적인 이 세계에서도 유행이 스며들어 좋은 시기를 맞고 있다. 유행의 흐름을 받아들여, 보수적인 브랜드도 옛날처럼 거부반응을 일으키지 않는다. 반대로 유행에 민감한 브랜드들도 보수적인 색채를 받아들이고 있어, 양쪽 다 매우 마음에 들 정도다.

이제 빠리를 동경할 필요는 없다고 단언할 만큼은 아니지만, 마치 속국 같다고 말하는 시대는 지났다. 나는 화가 났다. 빠리가 아무리 그렇더라도, 할머니의 옷이 그렇게 좋은가. 역시 수필가를 자칭하는 여자는 마음에 안 든다.

비주얼은 괴로워!

선생의 진짜 모습은 어디에?

한다면 한다! 나는 새로운 자신감을 가졌다. 크리스마스 이후로 체중이 또 불었지만, 일주일 사이에 2킬로를 뺀 것이다.

연초 휴가 내내 남편은 집에만 들어앉아 있다. 아침과 저녁 식사뿐만 아니라, 점심까지 차려줘야 한다. 밖에서 혼자 외식하고 들어오면 좋으련만, 꼭 나와 동반하려고 한다.

우리 남편은 엄청나게 먹는다. 둘이서 상당량의 중화요리를 먹은 후, 집에 가는 길에 케이크를 사서 자기 전에 두 조각 먹는다. 선물받은 아이스크림은 그의 전용이다. 술도 와인 한 병을 혼자서 다 마시고, 위스키와 일본 전통술도 바닥났다. 술을 마시고, 케이크를 먹는 생활을 반복하는데도, 그는 결혼 전과 체중에 전혀 변함이 없다. 함께 어디 가면,

"여전히 날씬하네요……."

하는 칭찬을 듣는다. 거짓말이 아니라 사실이다. 이런 사람과 어울려 휴가를 보내면, 앗 하는 순간에 5킬로 찌는 것은 기본이다.

내 입으로 말하기는 뭣하지만, 나는 일본에서 몇 안 되는 비주얼 작가다. 살이 빠졌다가 쪘다가 예뻐졌다가 못생겨졌다가, 하여튼 몸 상태에 따라 사람들의 반응이 달라진다. 테츠오도 말한다.

"당신처럼 체중으로 인기나 평가가 좌우되는 사람도 드무니까, 신경 좀 써."

그래서, 필사적으로 다이어트를 한다. 아침에는 탈지분유를 넣은 카페오레에 버터 안 바른 토스트와 삶은 계란, 점심에는 야채와 닭고기 우동……이라는 원칙을 지키려고 애쓴다. 그중에서도 권장할 만한 것이 '다이어트 부침개'일 것이다. 양배추, 긴 파를 듬뿍 넣고, 거기에 벚꽃새우와 돼지고기, 그리고 다른 영양가 있는 것들을 넣은 음식인데, 나는 부침개를 좋아해 많이 먹기 때문에, 거기에 곤약을 가늘게 썰어 넣는다. 이것을 점심에 배부르게 먹으면, 밤에는 정말 몸이 가벼워서 좋다. 어제 저녁 우리집 메뉴는 어묵이었지만, 나는 무와 곤약만 먹었다.

다이어트 하니까 생각나는 사람이 있다. 금년 1월, 나는 스즈키 소노코 선생을 보지 않은 날이 없었다. 선생은 이제 다이어트의 여왕일 뿐만 아니라, 탤런트로서도 흔들리지 않는 지위를 차지하고 있다.

사실 나는, 선생의 전성기를 아는 몇 안 되는 산 증인이다! 예부터 다이어트에 있어서는 남에게 절대 지지 않는 나, 지금으로부터 16년 전, 선생의 가게에 드나들기 시작했다. 당시 선생의 책 《날씬해지고 싶은 사람은 먹으세요)가 베스트셀러가 되었지만, 지금처럼 인정받는 존재는 아니었다. 롯폰기에 작은 레스토랑을 운영하고 있었는데, 거기에 팬이랄까 신봉자가 몇 사람 드나드는 정도였다.

스즈키 소노코 식 다이어트는 완전히 지방을 뺀 요리다. 그 대신 밥을 왕창 먹고, 과자 정도는 조금 먹어도 된다는 식인데, 비교적 나에게 잘 맞았다. 운 좋게도, 당시 내가 살고 있던 맨션 옆에 도시락 가게가 문을 열었다. 거기에서 김 도시락을 사면, 스즈키 소노코 식에 딱 들어맞는다. 나는 매일 점심에 이 김 도시락을 먹었다. 문제는 밥 위에 얹혀 있는 크로켓이었다. 나는 그래서 "크로켓은 빼주세요"라고 부탁했는데도 점원이 꼭 올려놔 화가 났다.

'싫으면 안 먹으면 될 거 아니야.'

점원은 이렇게 생각했는지 모르지만, 밥에 배어든 지방은 큰 적이다. 나는 그 부분의 밥을 과감히 버릴 정도로 노력했다.

그리고 저녁식사는 레스토랑 '토키노'에서 먹었다. 여기는 기름을 철저하게 뺀 장어와 햄버거가 매우 맛있다. 결과는 어땠을까. 나는 무시무시할 정도로 살이 빠져, 십여 킬로그램 감량에 성공했다.

선생은 매우 좋은 분으로, '우등생'인 나를 몹시 아껴주었다. 샤넬 가방을 선물로 주기도 하고, 가게에서 웨이터로 있던 핸섬한 청년을 가리키며,

"게이오대학을 나와 견습을 받고 있는 내 조칸데, 하야시, 사귀어 볼 생각 없어?"

하며 고마운 말을 해주기도 했다. 만일 그랬다면, 나는 선생의 후계

자로서 거리를 활보하고 있었을지도 모른다. 나는 당시 일 관계로 알고 지내던 사람들에게 선생의 책을 선물할 정도로 전폭적인 신봉자였다.

그런 내가 어째서 이렇게 되었을까. 실은 너무나 급작스럽게 살이 빠진 탓인지, 아니면 지방분이 적어진 탓인지, 나는 체력이 급격히 떨어졌다. 한때는 계단을 오르기도 힘들 정도였다. 게다가 피부가 건조해지기 시작했다. 스즈키 다이어트를 시도한 사람이면 다들 하는 말이지만, 어쨌든 몸에서 지방분이 왕창 빠진다는 것이다.

나는 그후, 기름과 버터를 잔뜩 뺀 '세상에서 가장 아름다운 다이어트' 식에 도전해보기도 했지만, 그래도 선생의 방법이 더 나은 것 같았다. 그것은 체력과 지방이 풍부한 젊은 사람이, 일시에 살을 빼고자 할 때 효과 있을지도 모른다.

그건 그렇고, 스즈키 선생이 16년 전과 전혀 변함이 없다는 사실에 나는 놀란다. 저 백옥 같은 피부도 그대로다. 아마도 그것은 '가면'이고, 그 속에 선생의 진짜 얼굴이 숨어 있는지도 모른다(설마).

흰색 구두의 저주

올 유행색은 뭐니뭐니해도 흰색이다. 회색을 벗어 던지고, 모두 하얀색으로 갈아입기 시작했다.

물론 나도, 겨울 동안에 새로 출시된 하얀색 옷을 몇 벌 샀다. 흰색 재킷에 하얀색 정장, 그리고 허리 부분이 부드러운 실크 바지도 근사하다.

하지만, 나는 고민하고 있다. 이 하얀색에 어떤 구두를 맞춰 신어야 할지 몰라서이다. 집에 우송되는 패션 잡지를 이것저것 들춰봤더니, 연령층이 높거나 보수적인 잡지는 검은색 구두 일색이었다.

'하얀색 구두는 경망스러워 보인다'는 이유 때문에.

아, 그렇구나. 하지만, 젊은 층을 겨냥한 잡지는 거의 하얀색이다. 간혹 블루나 그레이 샌들을 받쳐 신은 경우도 있다.

사실은 나, 아는 사람에게 프라다 샌들을 선물받았다. 실크 샌들인데, 색은 핑크. 힐이 엄청 높다. 이 구두에 하얀색 실크 바지를 입었는데, 코디네이트 결과가 어땠을까.

테츠오의 의견은 이랬다.

"핑크색 바지라면 모를까, 하얀색은 좀 아니다. 아직 하얀색 일색의 코디네이트가 완전히 정착한 건 아니야."

키가 큰 금발의 외국인도 아니고, 일본인이 바지까지 하얀색으로 입는 데에는 거부감이 있다는 것이다. 그렇지만, 진짜 그럴까.

몇 년 전에 역시 테츠오가 말했다.

"하얀색 구두만큼 볼품없는 게 없어. 그런 건 신을 수도 없어. 특히 여름엔 절대 안 돼."

그래서 나는 하얀색 명품 새 구두를 전부 다른 사람에게 줘버렸다. 집의 구두 상자에 있는 것은 모두 옅은 베이지색이나 회색이다. 그런데 내가 하얀색 구두를 버리자마자, 거리에서 하얀색 구두가 제법 눈에 띄기 시작했다. 그때 무척 후회했었다.

하지만, 나는 역시 올 봄에 하얀색 구두를 신지 않을 생각이다. 테츠오가 한 말도 있지만, 역시 하얀색 구두를 근사하게 신는다는 것은 매우 어려운 일이다. 그렇다고 3년 전에 산 페라가모 펌프스를 신기도 뭐하고, 그렇다고 초봄에 하얀색 샌들에 맨발 차림은 너무 서늘하고, 여자는 정말 괴롭다, 괴로워…….

대체 구두 하나 때문에 왜 이리 고민해야 하는가. 너는 늘 그렇게 멋있고 근사한 모습이어야 하느냐고 물으면 할 말이 없지만, 역시 나는 구두의 저주에서 벗어날 수가 없다. 그것은 이미 몇 번이나 말했지만, 내가 큰 발의 소유자기 때문이다. 245㎜라면 그다지 드문 모습이 아니지만, 내 발은 날씬한 발이 아니라, 폭이 넓적한 발이다.

나는 자주 패션 메이커의 바겐세일에 초청을 받아 가는데, 거기에서는 모델이 패션쇼나 촬영 때 한번 신은 구두가 3~4000엔에 팔리고 있다. 모두 서양 여성들이기 때문에 구두가 크다. 250㎜, 255㎜가 수두룩하다. 그렇지만, 볼이 처량할 정도로 좁다. 길이는 여유 있지만, 폭이 빠듯하다.

지금은 돈도 좀 벌기 때문에 구두를 몇 켤레 살 수 있다. 외국에서는 사이즈만 맞으면 5~6켤레 정도는 성큼 사버리는 나. 그렇지만, 젊어서 가난했을 때는, 늘 같은 구두만 신었기 때문에, 점점 볼이 넓어져, 돌이킬 수 없이 모양이 미워진 것이다. 벗어놓은 구두는, 사실 벗어놓은 속옷 이상으로 여자를 느끼게 해주는 것이다.

부잣집 친구가 있었는데, 그녀는 학생 때부터 값비싼 샤넬이나 랑방, 조던을 신고 다녔다. 게다가 225㎜의 아담한 발이다. 힐도 높은 것만 신고, 발 손질도 자주 받는다. 그녀가 벗어놓은 가늘~고 작~은 샤넬 구두는, 그 자체만으로도 화려하고 섹시한 아가씨라는 느낌. 남자라면 누구나 가슴이 두근두근할 것이다. 그 옆에 벗어놓은, 슈퍼에서 3800엔 주고 산 내 단화의 비참함이란. 옆으로 떡 벌어진 데다, 자주 닦지 않아 때깔도 곱지 않다. 그것이 나 자신이었다.

나는 옛날부터 손이 빠르다는 소리를 들었는데, 술집에 가서 아무렇게나 벗어 던진 사람들의 신발을 정리해놓는 것은 늘 내 차지였다. 그것은 내가 친절하기 때문이 아니다. 볼 넓은 구두를 재빠르게, 가장 눈에 안 띄는 깊숙한 곳에 숨기기 위한 것일 뿐.

생일을 맞아 남자친구에게 구두를 선물받은 친구를, 그야말로 부러운 눈으로 바라본 기억이 있다.

그런 내가 결혼 상대의 조건으로 '나보다 발이 큰 남자'를 꼽은 것은 극히 당연한 일일 것이다. 남자와 사귀기 시작하면, 곧바로 신발의 크기를 확인했다. 언제였던가, 현관에 나란히 벗어놓은 그와 나의 신발 크기가 별 차이 나지 않는다는 것을 깨달았을 때의 충격이란.

"저기, 사이즈가 몇이야?"

"245밀리."

발이 작은 남자로, 이런 경우에는 초기 단계에서 그만두어야 했다.

남편은 270㎜정도. 언제나 현관에 그의 큰 구두가 떡하니 놓여 있는 것을 보면 어찌나 행복한지. 밖에 볼일이 있어 나갈 때, 가끔 어린아이가 된 기분으로 큼지막한 그의 신발을 신어본다. 왠지 내가 아주 귀여운 여자가 된 것 같은 생각에 기분이 좋아진다.

내가 하얀색 구두를 좋아하지 않는 것은, 발이 너무 커 보이기 때문일지도 모른다. 나는 항상 나의 발 크기에 구속되어 있다. 흰색 구두가 잘 어울리는 여자를 나는 거의 본 적이 없다. 하얀색은 무섭다. 진짜로.

스튜어디스의 꽃길

스튜어디스의 다리는 모두 예쁘다

사나에가 놀러 왔다.

사나에는 나와 어릴 때부터 친구인데, 지금은 스튜어디스로 일하고 있다. 스튜어디스라고 해도, 나이가 나이인 만큼 승진하여 관리직에서 일하고 있다. 얼마 전까지 교관으로 있었다. 일찍이 소믈리에 자격증을 취득하여, 와인에 관한 책을 내기도 했다.

내가 비행기를 타면, 반드시 젊은 스튜어디스가 말을 건다.

"사나에 씨한테 말씀 많이 들었습니다."

나나 그녀나 항공사에서 모르는 사람이 없을 정도로 유명인사인가 보다. 그건 좋은데, 우리 고향의 아저씨들은 가끔 비행기를 타면 들떠서 사나에의 이름을 들먹이는 모양이다.

"ㅇㅇ(사나에의 어릴 적 이름) 알죠? 나하고 아는 사이예요."

이런 식의 질문은 손님이 스튜어디스에게 말을 걸 때 써먹는 상투

적인 방법이다. 하지만,

"그렇습니까, 저희 회사의 스튜어디스는 3천 명 가까이 되기 때문에, 누군지 잘 모르겠습니다……."

하고 가볍게 응수하는 것이 보통이다. 하지만, 바로 그것이 우리 고향 야마나시 아저씨들에게 유리한 점이다.

"아가씨, 사나에 몰라요?"

하고 물으면,

"아, 저희 교관이셨어요."

"저희 선밴데, 제가 도움을 많이 받았습니다."

라는 대답이 돌아오기 때문이다. 요즘도 사나에는 후배 스튜어디스를 통해 '절의 주지스님으로부터'라는 식의 메시지를 전달받는다고 한다. 중학교의 한 동창은, 비행기를 탈 때마다 스튜어디스에게,

"사나에한테 전해주세요."

하며, 자신의 명함을 내민다고 한다. 정말 사나에도 골치 아프겠다.

그 사나에가, 모처럼 도쿄에 눈이 내린 날 놀러왔다. 아르마니 재킷은 그렇다치고, 내가 놀란 것은 그녀의 발끝이다. 얇은 타이츠에 중간 힐 정도의 구두를 신은 것이다. 그 전에 우리집을 방문한 여성 편집자들은, 스노우 부츠라고 해야 할까 긴 장화를 신고 있었다. 도쿄에 눈이 내리면 웬만한 건 눈감아줄 수 있다. 나는 DKNY의 소방수 부츠를 신고 외출한다. 이 부츠, 남편의 말에 의하면,

"무릎까지 오는 검은색 긴 장화에, 노란색 페인트로 DKNY라고 쓴 게 다잖아. 이 페인트만 지우면, 어부들이 신는 장화하고 뭐가 달

라?"

이런 사람이다. 하지만, 나는 이것을 신고 어디든지 다닌다.

그런데 사나에는, 눈 내리는 날에도 뾰족 구두로 외출한 것이다.

"칠칠치 못한 차림으로 다니면, 기분이 나빠지거든."

하고 그녀는 말한다.

나는, 여기에 스튜어디스의 인기 비결이 있다는 것을 느꼈다.

비행기 안에 나체로 서 있건, 계약직 스튜어디스의 월급이 쥐꼬리만큼이건 간에, 이 직업은 아직 남자들에게 인기가 있다.

이것은 다른 사람에게 들은 얘긴데, 최근의 젊은 스튜어디스들은 사나에처럼 커리어를 쌓는 일에는 그다지 적극적이지 않다고 한다. 그보다는 젊었을 때 스튜어디스라는 이름표를 따서, 좋은 남자를 잡으려는 데 혈안이 돼 있다는 것이다. 확실히 내 주위에도 스튜어디스라는 말만 들어도 눈빛이 달라지는 남자가 꽤 있다.

"흠, 스튜어디스가 별건가. 그 유니폼만 벗으면 일반 직장여성하고 다를 게 뭐야."

하고 험담하는 사람도 있지만, 내가 아는 한, 스튜어디스는 유니폼을 벗어도 세련되고 화려하다. 비교적 급여가 높기 때문에, 옷에 돈 쓰는 것을 꺼려하지 않을 것이다. 세계 각지에서 명품을 손에 넣을 기회도, 신제품에 대한 정보도 풍부할 것이다. 화려한 옷이 아니더라도, 원래가 미인들이다.

하지만, 나는 공항에서 어떤 사실을 발견했다. 하네다에서도 나리타에서도, 스튜어디스 대여섯 명이 카트를 밀고 걸어가는 모습을 보았다. 그것이야말로 '스튜어디스의 꽃길'이 아닐까. 그녀들의 유니폼은 여성이 최대한 아름답게 보이도록 디자인되어 있다. 검은색 스타킹을 신기 때문에, 다리도 가늘~어 보인다. 꼭 묶어 올린 머리도 보기 좋다. 그녀들은 아무렇지 않게 잡담하면서 걷는 것처럼 보이지만, 사실은 무척 주위를 의식하면서 걷고 있을 것이다, 틀림없이.

'봐, 봐. 나, 이렇게 걷고 싶어서 스튜어디스가 되었어.'

그때, 주위 사람들은 모두 그녀들을 쳐다본다. 선망의 눈으로 바라보는 젊은 여자도 있겠지만, '흥' 하고 반감을 갖는 여자도 있을 것이다. 무시하는 시늉을 하는 아저씨나, 구경거리 난 것처럼 눈을 동그랗게 뜬 아줌마, 어쨌든 모두 그녀들을 쳐다보고 있다.

'늘 저렇게 걸어다니면, 정말 화려해진 기분이 들 거야.'

라고 나는 생각했다. 연예인은 사람들에게 보여지는 모습을 통해 신비로움을 발산하지만, 스튜어디스도 공항의 이 '꽃길'을 걸으면서 어느 정도의 신비로움을 뿌리는 것 같다. 연예인이나 스튜어디스나 어찌 보면 비슷하다. 보여진다는 기쁨과 효과를 매우 잘 알고 있는 것이다.

고양이 오줌으로 범벅이 된 버킨

이 불경기에 버킨이 잘 팔린다는 기사를 읽었다.

무조건 예약제로, 주문하면 4~5년이 걸려야 받을 수 있다. 그 사이에 여성들은 먹고 싶은 것도 제대로 못 먹고 절약한다고 한다.

잠깐, 에르메스 버킨이라면 70만 엔은 줘야 하지 않은가. 웬만한 소형차 한대 가격이다. 차 한 대를 짊어지기에는 젊은 여자들의 어깨가 너무 가냘프다. 그것은 역시, 지방이 투덕투덕 붙은 중년 여성의 것이다, 라고 말해봤자 무슨 소용이겠는가.

원하는 것은 갖는다, 무슨 짓을 해서든 갖는다, 고 사람의 마음을 뒤흔드는 것이 명품이 지닌 마력이다. 누구나 경험해 보았겠지만, 해외 브랜드 매장에 가면 심장박동수가 빨라지는 것을 느낄 수 있다.

'이렇게 쇼핑해도 괜찮을까…….'

쿵쿵쿵쿵…….

'카드 한도가 꽉 차면, 어떤 식으로 지불하지?'

쿵쿵쿵쿵…….

'그럼 어떻게 하지, 어떻게 하지, 어떻게…….'

심장은 요동치고, 손은 떨린다. 그 흥분 상태를 어떻게 하면 좋을까. 친구가 증언하건대, 나는 상품을 손에 쥔 채 꼼짝도 않고 서서, 눈은 멍해가지고 뭐라고 중얼거린다고 한다. 굉장히 무섭단다.

이렇게 해서 구입한 켈리나 버킨이 옷장 속에, 아니 방 여기저기에 뒹굴어 다닌다. 몇 번이나 말했지만, 나는 에르메스 가방이 꽤 있다. 하지만, 사용하는 경우는 드물다. 왜냐하면 에르메스 가방이라는 것은, 사실 가지고 다니기에 상당히 불편하다. 켈리는 일일이 걸쇠를 거는 것이 귀찮고, 그냥 열어두고 있으면, 반드시 지나가는 사람들이 "조심하세요" 하고 주의를 준다. 또, 버킨은 무겁고, 그 크기가 화가 날 정도이다. 내 친구 중에 파티든 오페라 극장이든 언제나 버킨을 메고 다니는 여자가 있다. 어째서 작은 가방으로 바꿔 메지 않느냐고 물었더니,

"물건을 워낙에 잘 못 챙겨서."

라는 대답이 돌아왔다. 나도 그렇지만, 버킨을 사용하면 상당히 게을러진다. 많은 양이 들어가기 때문에 닥치는 대로 다 집어넣어, 다른 가방으로 도저히 바꿔 멜 수가 없게 된다.

잠시 얘기를 돌리면, 갈색이 유행했던 2년 전, 이상하게도 베이지색 버킨을 갖고 싶어 파리의 본점에서 구입한 일이 있었다. 그후 귀국한 지 얼마 되지 않아서의 일이다. 손님이 와 있는 동안 고양이를

방에 가둬놨더니, 화가 난 고양이가 방에 오줌을 누어 복수한 것이다. 더구나 고양이는 가장 새것이고 가장 비싼 버킨을 범행 대상으로 삼았다. 가방은 일본 백화점을 통해 파리에서 세탁 받았지만, 오줌의 흔적은 사라지지 않았다. 지금도 얼룩이 남아 있다. 고양이 오줌 무늬 버킨을 들고 다니는 사람은, 전국을 통틀어 나 하나일 것이다.

그런데 에르메스에는 버킨보다 더 무겁고, 사용하기 번거로운 가방이 존재하고 있다. 그것은 그 이름도 유명한 오타크로아. 지금으로부터 15년 전, 패션 잡지의 취재를 위해 파리를 방문했다. 그리고, 당시 전혀 대출을 받은 적이 없던 나는, 에르메스 본점에서 가방을 3개 구입하는 폭동을 일으켰다. 하나는 하얀색 켈리로, 이것은 여름에 기모노를 입을 때 가끔 이용한다. 또 하나는 크림색의 큰 켈리. 이것은 일찍이 망가져 거의 퇴출 상태. 그리고 나머지 하나가 새빨간 오타크로아이다. 잡지의 사진에서 연예인들이 자주 여행용으로 이 오타크로아를 가지고 다니는 것을 보았는데, 다들 힘이 무척 세구나 생각했다. 건장한 나도 속이 꽉 찬 오타크로아를 가지고 다니기가 정말 힘겨웠다.

"으랏차차!"

기합을 넣어 들어보지만, 두껍고 단단한 가죽의 오타크로아 + 내용물의 무게 때문에 자꾸만 손에서 빠져나갔다. 나는 정말 바다에 도르래라도 달아볼까 생각할 정도였다. 나는 그 오타크로아를 〈앙앙〉의 특매에 파격가로 내놓았다. 그때는 주위에서 배짱이 크다는 소리를 들었다. 응모자가 많을 때는 추첨하는 것이 보통이지만,

"양양에서 편법을 써서, 아는 사람에게 몰래 주지 않을까?"
하는 친구의 의심어린 전화를 몇 통 받았었다.

지금 수많은 추억을 가슴에 숨기고, 나의 켈리와 버킨은 조용히 잠들어 있다. 칠칠치 못한 주인 탓에, 옷장이나 선반에 놓여 있지 못하고, 방 여기저기를 굴러다닌다. 지금, 내가 즐겨 입는 옷에 이들 가방은 너무 무거운 느낌이 든다. 그보다는 경쾌한 프라다나 돌체 앤 가바나 쪽이 어울린다. 외출할 때는 번쩍거리는 페라가모가 있다.

하지만 에르메스의 버킨을 사던 날과 구입한 장소는 분명하게 기억하고 있다. 스페인의 어느 상점, 당시 엔화가 높았던 덕택에 23만 엔에 구입한 켈리, 그리고 버킨 신제품……. 다른 가방과의 만남은 곧 잊어버리는데, 역시 에르메스는 다르다. 두근거리는 그 설레임조차 생생하게 기억한다. 누구나 이런 일생일대의 만남을 원할 것이다.

그녀, 음란하다

나를 참치녀(섹스할 때 움직이지 않고 가만히 있는 여자) 라고 부르지 말라

평소처럼 테츠오와 차를 마시고 있었다. 서로 잘 알고 있는 사람에 대해 이야기를 나누었다.

"정말 그녀는 예뻐."

고약한 데가 있는 나지만, 좋아하는 사람에 대해서는 칭찬을 아끼지 않는다.

"옷 입는 센스도 얼마나 뛰어난지, 그 브랜드 옷을 그녀만큼 잘 소화해내는 여자도 드물 거야."

그러자 테츠오가 날카롭게 말했다.

"그렇지만 그 여자, 좀 음란한 구석이 있어."

"그래? 겉보기에는 깔끔하고 순정파처럼 보이는데. 한 남자만 사랑하고……."

"아니야, 절대적으로 음란해."

분명한 어조로 말한다. 확실히 그녀의 인기는 보통 수준을 넘어선다. 남자친구가 있는데도, 내 주위의 남자들은 모두 그녀만 노리고 있다. 얼마 전 술자리에서 살펴보았더니, 5명 중 2명이 그녀 이야기를 하고 있었다.

"그녀가 인기 있는 것은 음란한 분위기를 풍기기 때문이야."

그러더니 테츠오는 기분 나쁜 웃음을 지으며, 나를 턱으로 가리켰다.

"당신은, 전혀 음란한 느낌이 들지 않는 사람이야."

이런 무례한…… 나는 분노했다. 즉각 반박했다.

"음란한 기운이 없는데, 어떻게 사람을 감동시키는 그럴싸한 연애소설을 쓸 수 있어!"

테츠오의 분석은 이렇다. 음란한 기운이 없는 사람은, 음란한 기운을 뿜어내는 사람을 냉정하게 관찰할 수 있다. 그러니까, 글로 쓸 수 있다는 것이다.

"당신이 그 전형적인 예야."

"그럼, ○○는 뭐야?"

○○는, 역시 연애소설을 쓰는 여성인데, 남자 관계가 화려하다. 분명히 말해서 인기 있는 타입이라고 생각되지는 않지만, 남자 관계나 섹스에 관해서는 노골적으로 이야기한다.

"그녀는 음란하지 않아. 단순히 섹스를 좋아할 뿐이지."

과연 겉으로만 남자와 즐기는 여자가 아니다. 음란하다는 것은, 자연스럽게 속에서 우러나오는 것. 섹스를 좋아한다는 것은 단순히 몸에 붙은 습관이라고 정의할 수 있다.

내가 생각하기에 요즘 여자들은 '섹스를 좋아하는' 쪽에 가깝다. 음란하다고 할 만큼 속에서 우러나는 색기는 없다.

오래 전의 일이지만, 한 광고가 세상의 비난을 받고 곧장 바뀐 일이 있었다. 원래의 카피는,

"아침, 눈을 떠보니, 모르는 남자의 방에 있었다"

였다. 등장하는 여자는 무척 귀엽고 청순한 이미지. 아는 남자와 침대를 공유하는 여자로 보이지 않는다. 이런 여자까지 침대로 끌어들이는 풍조를 두고볼 수 없다, 고 아저씨 아줌마들이 들고일어난 것이다.

하지만, 세상의 젊은 여자들의 시각에서는 '왜!'라는 의구심이 들었을 것이다. 안 지 30분 후든지, 5분 후든지, 느낌이 좋은 남자와 섹스를 하는 것이 어때서? 뭐가 나쁘다는 거야, 하는 생각. 우리 시대까지만 해도 섹스는 '좋아하는 남자'와 하는 것이었다. 하지만, 최근 10년 동안 섹스는 '느낌 좋은' 남자와 하는 것으로 변한 것 같다. '느낌이 좋은 남자' '필이 통하는 남자'가 시간이 좀 지나 '좋아하는 남자'가 되는 일은 얼마든지 있다. 만약 그렇지 않다면, 그때 가서 끝내면 되는 것이다. 하지만, 섹스는 누구와 하든지 그런 어긋남이 없이 이어진다는 것이다……

어쨌든, 10대 후반이나 20대 초쯤이 되면, 섹스를 무턱대고 좋아하게 된다는 경험은 누구에게나 있을 것이다. 그가 좋은 건지, 아니면 섹스가 좋은 건지도 잘 모르는 채, 매일 그와 섹스하는 일밖에 생각할 수 없게 된다. 그 달콤하고 안타까운 기분을 거쳐, 여자는 어른

이 되어가는 것이다.

그리고 30대가 되면, 좀 싫증나는 시기가 온다. 싫증났다기보다 '늘쩍지근한' 느낌이랄까. 이런 식으로 속삭이고, 이런 순서를 밟아, 이렇게 하는 것, 이미 다 아는 건데, 하는 매우 오만한 기분. 하지만, 이 시기를 뛰어넘으면, 다시 남자와 섹스하는 일이 즐거워진다. 그렇지만, 대부분의 여성은 여기에서 멈추고 만다. 왜냐하면, 대개 평범한 아내가 되어 있거나, 어머니가 되어 그런 기회가 없어지기 때문이다.

하지만, 그럼에도 불구하고 남자가 생기고 그에 탐닉하는 여자가 있다. 나이가 좀 들었어도 성호르몬이 왕성하게 분비되는 여자들이다. 그녀는 스스로도 알 수 없는 충동에 이끌려, 남자와 늘 그런 일을 벌인다. 여기에서 비로소 섹스는, 실내 경기에서 몹시 혐오스러운 인간의 행위로 타락해가는 것이다. 하지만, 이것을 맛볼 수 있는 여자는 매우 극소수인데, 음란한 여자라는 칭호를 받을 만하다.

불륜도 중독된다

뚱뚱한 여자는
불륜을 저지르지 않는다는 것이
나의 논리였지만..

최근 우리 주변을 떠들썩하게 만든 사건이 있다.

불륜을 저지른 A라는 젊은 여성이, 상대의 집에 쳐들어가, 가재도구를 마구 부쉈다고 한다. 하지만, 어이없게도 남자는 그녀의 그 정열에 더욱 매료되어, 두 사람은 지금 동거를 하고 있다는 것이다. 한편, 아내는 여러 가지 충격으로 정신병원에 입원중이라니, 정말 무서운 이야기다.

"나는 그녀처럼 대담하게 행동할 순 없지만, 기분은 충분히 이해해요."

라고 말한 것은 역시 20대인 B양. 그녀 또한 처자 있는 남자와 열애중인데, 그쪽 남자는 일요일이면 휴대전화를 꺼버린다고 한다. 그것이 분하고 서글퍼, 원망 섞인 장문의 편지를 써보냈다고 한다.

모두 갖가지 고민을 안고 산다. 그러니까, 남의 남편과 그런 일을 벌이지 않으면 된다. 이 세상에는 젊은 독신 남자가 널려 있으니까, 그 중에서 한 명 고르면 된다, 고 나는 물론 말할 수 없다.

'남의 불행은 꿀맛'
이라고 하지만, 그것보다 더 진하고, 더 끈적거리고, 연유를 들이부은 것 같은 게 불륜 아닐까.

오래 전의 이야긴데, 불륜 행각이 들통난 여배우가 이렇게 말한 적이 있다.

"내가 좋아하는 남자에게, 어쩌다 아내가 있었을 뿐이다."

이것은 명언 중의 명언이지만, 반은 거짓말이라고 생각한다. 젊은 여성의 마음속에는, 한번쯤 처자 있는 남자와 사귀어보고 싶다는 기분이 잠재해 있다. 또한 마찬가지로, 바람기 있고 평판이 나쁜 남자와도 짧은 기간이나마 연애를 해보고 싶어한다.

어떤 식으로 여자를 설득할까. 뭔가 드라마틱한 이벤트를 꾸미지 않을까 하는 기대감 때문이다.

불륜이라면 드라마 같은 일이 일어나기도 한다. 내 친구가 역시 처자 있는 남자와 사귀었을 때,

"네 인생을 망쳐놓고 싶어."

라고 남자가 말했다고 한다. 이것은 젊은 동갑내기 남자의 입에서는 나올 수 없는 말이다. 헤어질 때까지는 즐겁게 데이트하고, 섹스하고, 가끔은 싸웠다가 다시 가까워지고, 이런 패턴을 반복하는 게 전부다. 하지만 처자 있는 남자와 사귀면 여기에 고뇌라는 것이 덤으로 붙는다.

고뇌의 눈물이야말로 연애에 있어서는 최대의 감미료이다. 옛날에는 신분이 다르다는 등의 이유가 존재했지만, 지금은 물론 그런 것은 없다. 현대에 있어서 유일한 장애물은 바로 불륜이다.

아내가 있는 남자를 좋아하는 것은 물론 나쁘다. 하지만 인간이 살면서 저지르는 나쁜 일은 얼마든지 있다. 도둑질이나 살인을 한 것도 아니다. 더구나 불륜이라는 것은 상대의 남성이 공범이 된다.

당당할 순 없지만, 자신이 나쁘다는 자각 하에 돌진하는 수밖에 없다. 내 친구 중에 불륜을 습관적으로 저지르는 여자가 있는데, 반드시 자신은 피해자의 위치에 선다.

"저 사람은 아내가 있으면서도 나에게 접근했어."

하고 툴툴거리는데, 이것은 가장 좋지 않은 예다. 변변치 못하더라도 불륜의 미학을 가져야 한다. 터무니없는 변명을 늘어놓아서는 안 된다. 연말연시에는 참는다, 오로지 기다린다, 이것은 옛날 방식 아닐까. 그만큼 불륜이 일반화된 요즘, 대부분의 행동은 용서받을 수 있는 분위기다.

상대의 아내와 싸우는 일도 있을 것이다. 하지만, 이혼하고 자기와 결혼해줄지도 모른다는 환상은 갖지 않는 것이 좋다. 나중에 다른 남자와 결혼할 수도 있기 때문에, 지나치게 파멸적인 행동을 해서 세간의 입에 오르내리는 것은 그리 현명한 일이 아니다.

10년 전, TV관계자의 아내가 나에게 울면서 호소한 일이 있었다. 남편과 인기 여배우가 사랑에 빠졌다. 그것은 이제 어쩔 수 없는 일이라고 해도, 이 여배우라는 여자가 만만치 않아서, 아내가 싫어할

짓만 골라한다는 것이다. 러브레터를 일부러 아내가 알아챌 수 있게 보내기도 하고, 파티에서 이 아내를 만나면,

"안녕하세요. 어머, 안색이 안 좋아 보이네요. 무슨 일 있으세요?"

하며 일부러 속을 긁어놓는다고 한다. 나이가 훨씬 많은 아내는 화가 나서 견딜 수 없었지만, 체면 때문에 꾹 참았다.

그 여배우는 과연 누구일까. 최근 남편을 젊은 인기 여배우에게 빼앗기고, 연예 프로의 주인공이 된 바로 그녀이다. 울면서,

"아이를 생각하면, 너무 괴로워요……."

라고 말해 주부들의 동정을 샀지만, 나는 인과응보라는 생각이 들었다. 옛날 자신이 저지른 짓을 이번에는 더 젊은 여자에게 그대로 돌려받은 셈이다.

즐긴 죄값은 언젠가 받게 되어 있다. 그래서 나는 불륜에 빠져 있는 젊은 여성을 전혀 동정하지 않는다. 그러니까 나는 유부녀이기 때문에, 독신과 사귀든 처자 있는 남자와 사귀든, 불륜이기는 마찬가지다. 어느 쪽이든 따가운 시선을 받을 수밖에 없다.

내 얼굴은 규격 외?

금년 나의 선글라스는 구치입니다

팩을 하는 것은 매우 즐겁다.

흰색이나 회색 팩을 잔뜩 바르고 늦게 귀가한 남편을 깜짝 놀래켜 주는 것도 재미있다. 그보다는 푸석푸석한 피부에 영양분이 스며드는 느낌이 좋다.

최근 내가 마음에 들어하는 것은, 마스크 식으로 썼다가 벗겨내는 것. 바르는 타입도 괜찮지만, 왠지 산뜻한 느낌이 덜하다. 하지만, 나는 어느 날 중대한 사실을 깨달았다. 마스크 식 팩에는 눈과 코와 입 세 군데가 구멍이 나 있는데, 내가 붙이면 오른쪽 눈이 반쯤 덮인다. 그래서 약간 오른쪽으로 당기면, 이번에는 왼쪽 눈이 빈쯤 안 보이게 된다. 즉, 내 눈의 위치와 팩 눈의 위치가 전혀 맞지 않는 것이다. 말하고 싶지 않지만, 나의 얼굴 폭 및 양쪽 눈의 거리가 규격 외라는 것이다.

하지만 나는 이것을 팩의 탓이라고 생각하고 있었다. 내가 애용하는 것은 맥스 팩터의 SK-II이다. 미국 제품이다.

이것은 미국 여성의 얼굴 사이즈에 맞는 것이다. 줄리아 로버츠 같은 얼굴의 여자가 사용하는 것이다. 나에게 맞지 않아도 어쩔 수 없다.

하지만, 친구들은 그런 나를 비웃는다.

"바보 같아. 일본에서 팔고 있으니까 일본인 사이즈에 맞는 거지. 세상에, 그 팩이 얼굴에 맞지 않는다는 얘기는 네가 처음이다."

그렇다면 내 얼굴이 규격품에서 벗어난다는 것 아닌가.

그러고 보니, 선글라스를 고를 때도 맞는 것이 없어 늘 애를 먹는다. 눈이 선글라스 밖으로 삐져나오는 경우가 많다.

전에도 이야기했지만, 여름이 다가오면 선글라스를 사는 것이 나의 습관이다. 반드시 산다. 요사이 방 정리를 했는데, 거의 사용하지 않은 선글라스가 4개나 나왔다. 전부 브랜드 제품이다. 아깝다고 말한다면 분명 아깝지만, 수영복과 마찬가지로 선글라스도 한 해 지나면 미묘한 차이로 유행에서 벗어나 있다.

또, 구치 아오야마 점이 새로 생겼기 때문에, 즉시 쇼핑하러 갔다. 불경기가 딴 나라 얘긴가 싶을 정도로 사람들이 붐빈다. 마치 맥도널드처럼 사람들이 끊임없이 오간다. 교복 차림의 남학생들도 몇 명 보였는데, 대체 무엇을 샀을까.

여름 가방을 하나 사고, 진열장을 보니 파란색의 근사한 선글라스가 진열되어 있었다. 나는 오랜 세월의 경험으로, 그 선글라스가 나에게 어울리는가 하는 것보다 눈이 삐져나오지 않는가 하는 것을 한 순간에 알아볼 수 있다. 그 선글라스를 껴보았다. 잘 맞는다. OK.

옛날, 존 레논 스타일 안경을 얕보고 친구한테 빌려 그 자리에서 껴보았더니, 모두들 갑자기 조용해졌다. 마치 내가 못된 장난이라도 친 것처럼 생각했을 것이다. 상상해 보라. 조그만 안경알 밖으로 삐져나와 말뚱거리는 눈알을. 그래서 나는, 그런 동그란 안경은 절대 끼지 않는다. 구치에서 산 그 선글라스는 옆으로 길어 눈이 삐져나오는 일은 없다고 한다.

즉시 집에서 껴보았는데,

"멋있어요—."

비서가 말했다.

"꼭 연예인 같아요. 굉장히 눈에 띄네요."

정말 마음에 드는 칭찬이지만, 선글라스가 너무 근사하면 어울리는 옷을 찾기가 어려워진다. 좀더 유행을 타는 옷이 뭐 없을까 고민하는 나.

아직 이른봄, 코트를 나부끼며 선글라스를 근사하게 낀 여성은 무척이나 멋져 보인다. 최근에는 새하얀 티셔츠에 재킷을 입고, 존 레논 형 안경을 끼고 있는 사람이 많은데, 이 또한 그런 대로 괜찮은 느낌.

반대로, 싫어하는 여자가 선글라스를 끼고 있으면, 불쾌감이 세 배 네 배 더해진다. 나는 세상 사람들이 생각하는 것보다 훨씬 온화한 성격으로, 특별히 누구를 좋아한다거나 싫어한다거나 하지 않는다. 그렇지만, 좀 역겨운 사람은 몇 사람 있다.

어느 날, 오페라를 보러 갔을 때의 일이다. 상당한 빅 이벤트였는데, 황족과 장관, 도지사 같은 사람들이 초청되어 있었다. 그런 VIP는 행사 관계자의 안내에 따라 모두의 시선을 한몸에 받으며 앞자리에 앉는다.

그런데 그들보다 좀 늦게 도착한 것이 '업계 제일의 착각녀' A여사였다. 스스로는 최고의 유명인이라고 생각하는 것 같지만, 가끔 와이드쇼의 상담자로 출연하는 정도이고, 그녀를 알아보는 사람은 몇 안 될 것이다.

그녀는 행사 관계 여성의 안내를 받으며 재빨리 자리에 착석했다. 놀라운 것은 선글라스를 끼고, 팸플릿으로 얼굴을 반쯤 가리고 있다는 것이다. 오페라를 선글라스를 끼고 본다는 발상은 어디서 나온 것일까. 나도 자의식 과잉 증세가 있지만, 분위기 파악 정도는 할 수 있다. 나는 그녀가 더욱 싫어져, 이 일을 모두에게 떠벌리고 다녔다.

"그때 끼고 있던 것이 존 레논 스타일이었어, 주제를 알아야지."

존 레논 스타일은 상당한 미인이나 예쁘장한 사람이 아니면 끼지 말아야 한다. 보통 사람은 눈이 삐져나와 평생 끼지 못한다. 그녀는 한층 더 나의 분노를 사게 되었다.

죽어라! 고기감자볶음 같은 여자

훌륭한 여자는,
와인을 마시면서
요리를 한다

언제나 굉장히 무섭게 원고 독촉을 하던 테츠오가, 갑자기 전화 연락을 끊었다.

이상하다? 마감 날짜를 사흘이나 넘겼는데도 연락이 없다니. 이상하다 생각했었는데, 갑자기 병이 나 자리에 드러누웠다는 것이다. 역시 그 나이가 되도록 남자가 독신으로 지낸다는 것은 무리다. 테츠오는 거의 외식으로 식사를 해결한다. 영양 부족에 알코올 과다. 역시 나처럼 요리를 좋아하는 상냥한 아내를 하루 빨리 구해야 한다.

그런데 〈앙앙〉 최신호는 요리 특집호로 나왔다. 매년 봄이면 늘 이런 기획을 하지만, 나 같은 프로들은 의도를 뻔히 안 수 있다. 4월이면 많은 여자들이 독립하기 시작한다. 혼자 사는 여자가 제일 처음 하는 것은 그를 자기 집에서 재우는 일이다. 그러니까, 요리 특집으로 엮은 것이다.

밤에는 둘이서 와인잔을 기울인다. 그런 때 분위기를 띄울 수 있는 요리를 만들고 싶어한다. 아니 그런 것보다, 아침에 일어났을 때 무엇을 준비해야 좋을지 여자는 고민한다. 구운 크로와상 빵에 카페오레, 그리고 물냉이를 듬뿍 넣어 만든 샐러드……상상만으로도 가슴이 부풀어오른다.

옛날, 아주 옛날, '고기감자볶음 신앙'이라는 것이 있었다. 남자는 어머니의 음식 맛을 그리워한다. 그 중에서도 고기감자볶음이 제일 그렇다. 그가 자기 집에서 자고 난 다음날 아침 이런 음식을 내놓으면, 그야말로 감격의 눈물을 흘린다. '그리고 그의 마음은 당신 것'이라고 쓴 여성잡지가 있었을 만큼, 그 당시의 여자는 이런 일에 상당히 진지했었다.

하지만, 나는 이 고기감자볶음이 왠지 싫었다. 고기감자볶음 따위 너무 궁상맞지 않은가. 고기감자볶음 자체가 궁상맞은 것은 아니다. 그런 것으로 남자를 낚으려는 여자가 궁상맞다. 요리를 할 줄 알든 모르든, 괜찮은 여자는 괜찮은 여자. 인기 없고 매력 없는 여자는 역시 매력 없는 여자.

괜찮은 여자가 요리 솜씨도 좋다. 그러면, 남자는 크게 감격한다. 요즘 젊은 요리연구가들은 미모를 갖춘 우아한 사람이 많다. 앞치마 같은 것은 두르지 않는 게 보통인데, 그 모습이 매우 그럴싸하다. 내가 아는 젊은 요리연구가에게 케이크와 빵을 대접받은 적이 있었는데 정말 맛있었다. 저렇게 요란하게 매니큐어를 칠한 손에서, 어떻게 이런 맛이 나올 수 있을까 하고 생각했을 정도로.

앞으로 요리하는 여자는 이렇게 해야 한다. 프랑스나 이탈리아 요리에도 정통하고, 베트남 요리인 월남쌈도 잘 말아야 한다. 그렇게 깊은 지식은 아니더라도, 와인에 대해서도 조금은 알아야 한다. 무엇보다 멋쟁이여야 한다. 이런 여자가 앞치마를 두르지 않은 채 부엌에 서서 와인을 마시거나 이야기를 하면서 맛있는 요리를 만든다. 얼마나 근사한 일인가. 남자가 잠든 동안에, 필사적으로 멸치를 발라 국물을 우려내는 것은 옛날 방식이다. 그런 여자는 잘 때 코를 골거나, 막 자고 일어난 부스스한 얼굴로 음식을 만든다.

괜찮은 여자란, 남자와 함께 일어나 남자에게도 무엇을 하도록 명령한다. 그리고 남자가 커피를 뽑을 때, 그 옆에서 양상추를 썰어 샐러드 볼에 넣는다. 그 사이, 계란을 삶는다. 하지만 옛날 여자처럼 둥글게 잘라 장식하거나 하지는 않는다. 냉장고 안에서 치즈와 앤초비를 꺼내 조금 장식한다. 이런 센스를 갖고 있는 사람이면 대부분 미인이고 멋쟁이다. 아니, 미인이고 멋쟁이기 때문에 이런 센스를 발휘할 수 있는 것이다.

어제 있었던 일인데, 근처에 사는 친구에게 놀러 갔다. 떨어지는 벚꽃을 보면서, 파티를 하기로 한 것이다. 친구는 최근 베이징에서 산 차이나재킷을 입었는데, 자세히 보니 벚꽃 무늬였다.

그리고 냅킨은 핑크색, 접시는 벚꽃 모양, 젓가락 받침은 꽃잎 모양이었다. 요리는 삶은 음식과 샐러드가 주로였는데, 모두 백포도주에 어울리는 것으로 준비했다.

이윽고 그녀의 파트너가 메밀국수 면발 만드는 시범을 보여주어 모두의 박수 갈채를 받았다. 그리고 때맞춰 그녀가 만든 튀김요리가 나왔다. 새우와 반디나물을 이용한 큼지막한 것이었는데, 그 맛이 일품이었다. 카모난반(구운 오리고기와 파를 얹은 국수에 차가운 장국을 부은 것)의 국물도 전문가 뺨칠 수준이었다.

이웃집 아줌마의 솜씨가 아니다. 일도 일류, 외모도 일류인 그녀가 이렇게 요리까지 잘 하다니, 나는 혀를 내두를 수밖에 없었다.

나는 이번에 이사를 했는데, 부엌은 오픈 키친으로 했다. 나는 이 말을 주문처럼 외웠다.

"아름다운 여자는, 요리를 하고 있을 때가 가장 아름답다."

이것을 좀더 빨리 깨달았다면, 저 아파트에서 그렇게 애쓰며 살지는 않았을 텐데. 가스불 하나로 수프와 돼지고기찜을 만든 기특한 나. 하지만, 노력한 만큼 성과를 보지는 못했다. 우선 여자는 밖에서 남자에게 돈을 쓰게 해야 한다. 그리고 가끔씩 무언가를 만들어준다. 열심히 노력하는 모습을 보여서는 안 된다. 숨막힐 듯 푹푹 찌는 요리와 그것을 만드는 여자는 남자에게 가장 미움받는 존재들이다.

제2장 멀고 먼 미녀의 길

당신을 위해 지킨 '레스토랑의 절개'

·안경과 모자는 필수
·버킨도 필수
·고기구이를 먹으러 올 때의 연예인

친한 친구와 맛있는 음식을 먹는 것은, 내 인생에 있어서 소중한 일 베스트 3 안에 든다. 그것을 위해서는 돈을 펑펑 써도, 뚱보가 되어도 상관없다. 요즘은 바빠서 좀처럼 시간 내기가 힘들었지만, 서서히 '컴백 무대'에 발을 내딛고 있다.

당연한 일이지만, 나는 이름난 음식점을 매우 좋아한다. 우선 여자 셋이서 들른 곳은, 니시아자부에 새롭게 생긴 고기구이점이다. 이 음식점은 외관도 근사하지만, 무엇보다 맛이 훌륭하다. 미리 예약하면, 전채요리를 몇 접시나 내온다. 다른 사람한테 들었는데, 이곳은 연예인이 많이 방문한다고 한다. 밤늦게까지 활동히 연예인은 고기구이점과 인연이 깊다. 따라서 그들이 자주 찾는다는 것은, 매우 맛있다는 증거다.

우리는 안쪽 깊숙이 자리를 잡았는데, 옆 테이블도 비어 있었다.

나는 오랜 세월의 감으로,

'분명 이 자리에는 유명인이 올 거야!'

라고 느꼈다. 내 예상대로 잠시 후 음식점 주인이 우리에게 와서 나지막히 말했다.

"이 자리에 곧 ○○씨가 오는데……."

불편하지 않겠냐는 얘기다. 하지만, 불편한 것은 여배우 ○○씨일 것이다. 모처럼 친구와 즐겁게 식사하러 왔는데, 옆자리에 하야시 마리코를 비롯해 시끄러운 여자 셋이 앉아 있으니, 짜증날 것이다, 틀림없이.

이윽고 안경을 걸친 낯익은 ○○씨가 들어왔다. 우리를 보고 인사를 하더니, 곧 근처 빈 자리에 가서 앉았다.

"왜 도망가요."

음식점을 나서면서 놀렸더니,

"그런 게 아니라, 사람이 많아서……."

한다. 하지만, 이렇게 심술부린 내가 정말 싫어졌다. 그녀도 고기를 먹을 때만큼은 마음 편하게 먹고 싶었을 텐데. 미안. 그렇지만, 이런 음식점에 오는 당신도 나빴어, 뭐.

다음날, 작곡가 사에구사 나리아키 씨의 사무실에 갔다. 최근, 동북지방 모 시(市)의 자장가를 만든 우리. 마지막 의논을 위해 시장도 참석했다. 의논이 끝난 후, 모두 롯폰기의 '긴교'로 향했다. 컴퓨터 그래픽을 이용한 무대를 선보이는, 매우 인기 있는 쇼팝(show pub)이다.

쇼가 끝난 후 우리 일행은 차를 타고 장소를 옮겼다.

"지금, 가장 근사한 레스토랑으로 가는 거예요."

이런 정보에 정통한 사에구사 씨가 말했다.

"이미 친구들한테 정보를 다 수집했어요. 유명인이 가장 많이 들르는 곳이라는군요."

고속도로 아래에 있는 그 레스토랑은 발을 친 목조 건물로, 라면 전문점 옆에 있었다. 밖에도 테이블과 의자가 놓여 있는데, 언뜻 보기에 오두막집 같은 건물. 안은 화로구이 식 주점의 풍경이었다. 요리는 시원하게 토마토, 산채호두무침, 파무침. 그리고 숯불에다 생선과 낙지를 구워준다. 이 시골 같은 촌스러운 면이 도시인의 정감을 자극했을 것이다. 하지만, 시장님은 어떻게 느꼈을까······.

"동북지방에도 이런 주점이 있나요?"

하고 물었더니,

"우리집에도 아직 화로가 남아 있어, 이런 식으로 자주 구워먹곤 하지요."

라고. 상당히 멋쩍었다.

그리고 다음날, 테츠오와 점심을 먹으러 갔다. 옛날부터 자주 다니던 이탈리안 레스토랑이다. 이곳은 낮 시간에도 자주 이용할 만큼 점심 메뉴가 최고다. 나는 테츠오에게 이런 말을 했다.

몇 년 전에 이곳에서 어느 남자와 데이트를 했다.

"하야시 씨, 이 레스토랑에 자주 와요?"

"네."

"분위기 좋네요. 요리도 맛있고."

이런 대화를 나누었던 걸로 기억한다. 이 사람과는 데이트를 몇 번 했지만, 곧 멀어졌다. 그런데 어느 날, 식사하러 와서 문득 거울을 보니, 나하고 데이트했던 자리에 앉아 있는 그가 보이는 것이 아닌가. 젊은 여자와 함께 있었다. 일어나서 살짝 보았더니, 얼룩말 무늬 정장을 입고 있었다.

얼룩말 무늬, 얼룩말 무늬! 게다가 정장! 그것만 보더라도 얼마나 취미가 고약한 여자인지 알 수 있을 것이다.

"여자로서 화가 치밀더라니까."

라는 나.

"그랬어?"

"당연하지. 처음 데이트 때 만난 장소야. 그런데 나랑 있던 자리에 다른 여자를 데리고 온 거야. 아무리 극악무도한 당신 같은 사람도, 그런 짓은 하지 않을걸."

"남자들은 그렇지 않아."

라는 테츠오. 아무리 헤어진 여자와 데이트하던 장소라도, 이용할 수 있는 한 최대한 이용한다는 것이다. 남자의 이런 무신경함을 나는 용서할 수 없다. 여자는 추억의 장소에 대해 결벽증세를 보인다. 절개를 지키려 한다고 해도 좋을 것이다. 남자들도 본받길 바란다.

파티의 악몽이 되살아나다

구미 씨
코트가와 님

임신하고 나서 1년 가까이 계속된 지루한 나날은 확실히 나를 바꿔 놓았다.

갑자기 화려한 장소가 좋아진 것이다. 사람이란 가끔 의외의 생각을 하기도 하지만, 나는 이제까지 파티를 상당히 싫어했다. 문단 관계 파티라도 별로 간 적이 없다.

여성 잡지의 '파티 패션' 사진을 볼 때마다 나와는 상관없는 세계라고 여겨왔다.

그런 내가 얼마 전, 테이블 파티에 다녀왔다. '요리도 훌륭했고, 파티도 즐거웠다'고 생각하고 있던 참에, 절친한 구미 씨로부터 전화가 걸려왔다.

"블랙타이의 자선 파티가 있는데, 안 갈래요?"

구미 씨는 크리스찬 디오르의 광고 책임자이다. 고품격을 내세우는 잡지계의 스타라고 해도 좋을 것이다. 일본인답지 않은 서구적인 외모에, 영어, 프랑스어를 자유자재로 구사하는 국제 감각. 일본에서 가장 이브닝드레스가 잘 어울리는 여성이다. 나는 성악 레슨을 같이 받은 적이 있어, 가끔 구미 씨의 집에 가는데, 거기에도 굉장한 세계가 펼쳐져 있다. 거실 바닥은 대리석으로 쫙 깔려 있고, 구미 씨는 집에 있을 때도 완벽하게 메이크업을 하고, 하이힐을 신고 있다. 집에 있을 때도 하이힐! 고양이털이 묻어 있는 후줄근한 5년 전 원피스를 입고 있는 나와는 무슨 차이가 있을까.

어쨌든 그 구미 씨로부터,

"황실에서도 온다니까, 공식 행사예요."

라는 말을 들었다. 나는 여러 가지 생각했다. 단 한 벌뿐인 검은색 이브닝드레스는 얼마 전의 파티에서 입었다. 그렇다면, 다나 캐런의 검은색 라메(금속사로 짠 직물) 미니 원피스로 할까. 이 원피스는 예전에 산 것이지만, 심플한 디자인이기 때문에 지금 입어도 괜찮다. 이것과 같은 소재로 만든 재킷을 걸쳐 보았다. 그러자 비서가,

"상당히 더워 보이는데요."

하고 말했다. 그럼, 재킷은 관두고, 숄로 결정. 어차피 나한테 누가 관심을 보일 것도 아니니까.

우선 미용실로 간다.

"파티에 갈 거니까, 좀 화려하게 해주세요."

거울 앞에 〈25an〉이 놓여 있었다. 여러 잡지와 인연이 있어, 대부분의 여성지는 다 받아보지만, 이 〈25an〉만은 나와 전혀 무관하다.

하지만, '무서운 것일수록 보고 싶어진다'는 말도 있듯이, 이 초 환타지의 세계가 흥미로워, 미용실에만 가면 손에서 놓지 않는다.

이번달 특집은 '동경의 대상인 슈퍼 독자'. 〈25an〉의 독자는, 아름답고 품격 있다는 내용의 기사이다. 내용 중에 '완벽한 야회복을 입고, 파티에'라는 타이틀로 사진이 소개되어 있었다. 그것은 옷자락이 질질 끌리는 정통 파티복이었다.

"헤, 어떻게 이런 것을 입고……."

나는 마지막의 '파티 패션 목록' 페이지를 폈다. 최근 파티에 참석한 사람들의 모습이 나와 있다. 죄다 옷자락이 질질 끌리는 것뿐이다. 아무리 남의 시선을 끄는 외모가 아니라고 해도, 미니 원피스 차림으로 가면 창피할 것 같다.

"어떡해, 어떡해."

몹시 당황하여 집으로 돌아와, 옷장 안을 뒤적거리기 시작한다. 오래 전에 산 샤넬의 새틴 플리츠 스커트는 발목까지밖에 안 온다. 아, 나의 변변치 못함이여! 더 이상 긴 옷은 없다. 이 스커트는 지금 당장 입을 수 있지만, 어울리는 재킷이 없다……. 어떡해, 어떡해……. 시간은 점점 다가온다. 입고 갈 옷은 없다. 여자라면 누구나 경험했겠지만, 악몽 같은 시간이다. 시간이 임박해온다. 그때, 나의 손에 걸리는 것이 있었다. 여름용 롱코트이다. 얇은 소재로 되어 있는 그것은, 분명,

"코트 드레스로 입으세요."

라고 점원이 말했던 것 같다. 평상시에 입고 다닐 수 있는 분위기의

옷이 아니고, 꼬리표가 그대로 붙어 있었다. 나는 검은색 라메 미니 원피스 위에 걸치고, 벨트를 맸다.

"이거, 어때?"

"저한테는 좀 생소하지만, 선생님만 좋으면 되는 거 아닌가요?"

라고 냉랭하게 말하는 비서. 하지만, 이제 시간이 없다. 그래, 그래, 파티 패션이라고 생각하고 입으면 되는 거야. 나는 글 쓰는 사람이니까, 좀 파격적인 데가 있어도 그냥 넘어가 줄 거야.

그렇지만, 행사장에 도착하자 엄습해오는 불안감. 마침 맞은편에서 라메 이브닝드레스에 숄을 두른 디자이너 하나이 유키코 씨가 걸어오고 있었다. 그래, 그녀에게 물어보면 금방 알 수 있지.

"하나이 씨, 내 옷차림 어때요? 이상하면 갈아입으려고……."

"어머, 그냥 입으세요. 너무 근사해요."

나는 안도의 한숨을 내쉬며, 나도 모르게 눈물을 글썽거렸다.

이제 나도 피어싱족이다

오늘은 나에게 있어서 획기적인 날이었다.

지금까지 피어싱을 하지 않은 것은, 딱히 이렇다 할 신념이 있어서가 아니다. 단지 '아프다'는 이유 때문이다. 친구 중에 싸구려 업소에서 피어싱을 했다가, 다음날 곪은 경우를 본 것도 이유 중의 하나가 되었다. 나는 정말 아픈 건 못 참는다.

하지만, 세상을 보라. 멋쟁이라면 열이면 열, 다이아 제품으로 피어싱을 하고 있다. 요즘 큰 귀걸이를 하고 다니는 사람은 시대에 뒤떨어진 사람이다. 나는 귀걸이를 많이 갖고 있지만, 유행 때문에 하나도 걸고 다닐 수 없다.

얼마 전, 멋 내기로 유명한 친구들과 차를 마시고 있는데, TV 화면에 여배우 ○○씨가 비쳤다. 그러자 두 사람이 입을 맞춰 말한다.

"저런 귀걸이를 하고 있다니, 촌스러—!"

그녀는 하얗고 예쁜 링 귀걸이를 하고 있었는데, 정말 상당히 촌스럽게 보인다. 나도 즉시 피어싱을 해야겠다고 결심했다.

사실 내게는 굉장한 보물이 있다. 다이아몬드 퍼스널리티 상의 부상으로 받은 화려한 다이아 귀걸이다. 반짝반짝 빛나고, 매우 아름답다. 역시 진품이 틀림없다고 여겨지는 광채다. 그것을 사용하지 않는다는 것은 큰 잘못이다.

그래서, 나는 즉시 잘 아는 병원에 가서 구멍을 뚫었다. 조금 따끔했지만, 아프다고 할 정도는 아니었다. 이럴 줄 알았으면 진작에 했을걸.

피어싱을 한 나는 완전히 의기양양해졌다. 이것으로 나도 멋쟁이들의 대열에 낄 수 있게 되었다. 혼자 웃고 있는데, 테츠오에게 전화가 걸려왔다. 테츠오의 목소리가 유난히 들떠 있었다.

"뭐 재미있는 일 있나봐?"

"있지, 있지!"

테츠오가 즐거운 듯 외쳤지만, 왠지 기분이 나빴다.

"당신, 꼼므 데 갸르송에서 흰색 구두 샀지? 그리고 점장에게 '나, 8년 전에 산 꼼므 데 스커트가 있는데, 어떤 식으로 코디하면 좋을까요?' 하고 물었다면서?"

그때 같이 갔던 친구가 떠들고 다녔나 보다. 올해 4월, 아오야마의 꼼므 데 갸르송이 오픈해서, 이상한 공간이 생겼다. 밤에도 푸르스름한 광선을 쏘아대고 있는 것이다. 창문 너머로 손을 뻗쳐 그 빛을 잡으려고 했더니,

"꼴사납게 그게 뭐야."

하며 남편이 화를 냈다.

두말할 것도 없이, 꼼므 데 갸르송의 본점은 나에게 있어서 가기 싫은 장소 베스트3에 꼽힌다. 그 앞을 지나치기만 해도 겁이 난다.

"그럼 같이 가줄게."

하고 패션지의 편집자 A씨가 말했다. A씨와 꼼므 데 점장은 절친한 사이라고 한다.

좀처럼 그런 기회가 없었는데, 마침 지난주에 둘이서 외출했을 때, A씨가 매장에 같이 가자고 유인했다. 비가 내리는 날이라 나는 젖어도 괜찮은 옷을 입고 있었다. '꼼므 데에 갈 마음의 준비'가 되어 있지 않았지만, 업계의 실력자 A씨와 함께라면 두려울 게 없다는 심정이었다.

아니나 다를까, 매장에 들어서자 여기저기서 탄성이 터져나왔다. 물론 A씨에게.

"어서 오세요."

나는 긴장한 나머지, 바보 같은 짓을 했다.

"나, 8년 전 거 꼼므 데 스커트 갖고 있는데요, 플리츠라 예뻐서 올해 입으려고 하는데, 어떤 식으로 코디하면 좋을까요?"

8년 전, 처음이자 마지막으로, 촬영을 위해 스타일리스트가 꼼므 데 스커트를 입혀주었다. 그 오간지 원단의 검은색 플리츠 스커트가 예뻐서 즉시 샀다. 그것이 이삿짐을 정리하다 나온 것이다. 그 스커트만으로도 올 유행을 커버할 수 있지만, 다른 것과 코디해보고 싶다고, 나는 점장에게 '상담'을 요청했던 것이다.

"그렇지만, 그 순간, 하야시의 패션 인생은 완전히 끝난 거야."
하고 테츠오는 엄숙하게 고했다.

"하지만 멋쟁이들은 5년 전, 10년 전의 것도 잘 코디해서 입잖아. 나는 그렇게 하고 싶었을 뿐이야."

"그렇지만, 유행이란 매년 미묘한 차이가 있기 때문에, 그렇게 말하는 것은 절대 안 돼. 지금, 옷을 그렇게 입는 사람은, 가난하거나 패션 감각이 전혀 없는 사람들이야."

"대체 그런 건 누가 결정하는 건데? 여기 도지사가 그렇게 말해?"

"세상의 유행이 그렇다는 거야. 하야시는 큰일 저지른 거야."

과연 A씨와 점장이 이상한 표정을 지었다는 생각이 든다. 세상의 유행이 나의 큰 귀걸이를 폐물 취급하고, 나를 패션 감각 없는 사람으로 만들어버렸다. 지금 나에게 위로가 되는 것은, 찬란히 빛나는 이 다이아. 세상의 흐름이 귓불에 박혀 있다. 불만인가.

옛사진을 보며 감상에 빠지다

· 이것이 비장의
  연애사진이다

 이삿짐 정리를 했더니, 나온다, 나온다(그렇게 많지는 않지만), 옛날 그의 사진과 편지.
 역시 오랜 세월 독신으로 있다 보니 나름대로 추억거리가 많구나. 외국에서 사는 남자와 원거리 연애를 했을 때의 항공우편도 잔뜩 나와, 코끝을 찡하게 만들었다. 그 당시 이 편지를 테츠오에게 보여주었을 때(가장 감동적인 것을 골라서 보여주었지만),
 "당신 중학생하고 사귀는 거야?"
하고 비웃었다. 뭐든 수긍하는 OK맨인 그는, 글씨도 엉망이고 한자도 잘 몰랐다. 그때는 테츠오를 '나쁜 인간'이라고 생각했지만, 역시 지금 다시 읽어보니 글씨가 좀… 심했다….
 또 다른 남자와의 여행 사진이 나왔다. 눈 속에서 둘이 찍은 썩 마음에 드는 한 장. 크게 확대한 사진이다. 이런 것은 남편에게 보여줄 수 없기 때문에, 비서에게만 몰래 보여주었다.

"와—, 하야시 선생의 옛날 남자, 굉장히 핸섬하네요!"
라고 말해, 나는 매우 기뻤다.

"선생님과 상당히 잘 어울려요. 나이 차도 적당하고. 정말 보기 좋은 두 사람이네요."

그럼, 그럼. 나는 기분이 몹시 좋았다. 나는 다른 여자들과는 달라, 헤어진 남자에 대해 절대로 험담하지 않는다. 물론 이별한 직후에는 원망도 하고, 주위에 험담을 늘어놓기도 했지만, 인연이 있어 가까워진 두 사람이 아닌가. 가슴이 찢어질 정도로 좋아했던 남자다. 어떻게 험담할 수 있겠는가.

소녀 시절, 나는 연애소설을 엄청나게 읽는 상상력 과잉의 여자애였지만, 현실은 뭐 하나 로맨틱한 일이 생기지 않았다. 아무리 옛날 시골 학교라고 해도, 다들 남자친구 하나씩은 두고 있다. 중학생이 되었을 때, 어떤 코흘리개 친구는 남자애한테 편지를 받기도 했다. 그런데 나에게는 아무일도 일어나지 않았다.

혼자 가슴 아파하며, 여러 가지 생각을 했다.

나에게는 평생 연인 따위는 나타나지 않을지 모른다. '좋아한다'거나 '사랑한다'는 말, 아무한테도 듣지 못할 거야. 그런 생각을 하면, 너무나 슬퍼, 눈물이 주르륵 흘러내린다.

그런데 이상한 일이다. 나이가 들고 나니 그런 남자가 나타난다. 태어나 처음으로 연인이 생겼을 때, 나는 그 사람을 고문했다, 질문 공세로.

'나 좋아? 정말 좋아?'

그의 눈에 나는 어떻게 비쳤을까. 아무리 사랑하는 남자의 눈으로 보아도, 뚱보는 뚱보, 처진 눈은 처진 눈 아닌가. 하지만 진심으로 '사랑한다'는 말을 들었을 때, 정말 기적이 일어난 것 같은 기분이었다……

그와 함께 고기구이를 먹는다. 마늘 냄새 풍기며 트림을 했다. 그리고 그의 집에서 잔다. 잔뜩 취해 코를 곤 것 같다. 다음날 아침, 그에게 그런 말을 들었다. 하지만, 이상하게도 사랑은 계속된다. 아무래도 이해할 수 없었다.

눈 속에서 함께 사진 찍은 남자, 그를 생각하면 지금도 나는 눈물이 날 것만 같다. 그때 나는, 기적이 언제까지 계속될 것인가 하고 그의 마음을 시험하려고 했다. 거만하게 굴고, 싫은 짓만 골라했다. 그리고 진짜로 채였다.

그에게 받은 이별 편지도 잘 보존되어 있다. 시간이 상당히 지났는데, 아직 읽을 용기가 안 난다. 아아, 그때의 나에게 지금과 같은 지혜가 있었다면, 슬픈 결말은 맞지 않았을 텐데……

하지만, 달콤한 기억만 있는 건 아니다. 내가 뚱보였을 때의 사진도 잔뜩 나왔다. 지금도 뚱보 그룹에 속하지만, 이때의 군살은 이상할 정도이다. 얼굴은 2중턱, 배는 스모 선수급이다. 몇 차례 언급했지만, 나는 '여자 로버트 드 니로'라고 불릴 만큼, 체중이 10kg 정도는 줄었다 늘었다 한다. 하지만, 사진에서 보니, 최근 10년 가운데 처음 7년 간은 초특급 뚱보 그 자체였다.

한참 감회에 빠져 있는데, 테츠오에게 전화가 걸려왔다.

"있잖아, 이번에 '멋쟁이 유명인의 인테리어 특집'을 낼 건데, 기뻐해, 당신이 '멋쟁이 유명인'으로 뽑혔어!"

평소라면 이런 특집에 화를 냈을 테지만, 이번에는 내가 주인공이라니 솔직히 기뻤다.

"와, 정말? 고생 10년, 나도 드디어 '멋쟁이 유명인' 대열에 끼는구나. 테츠오, 옛날 사진 봤더니, 나 굉장히 뚱뚱했던 거 있지. 진짜 못생겼어. 그런 나를 〈앙앙〉에서 연재 쓰게 해주고, 사진도 찍어주고, 고마워ㅡ."

나의 솔직함에 테츠오도 놀란 모양이다.

"감사의 말이라면, 그때의 편집장인 ○○씨에게 말해야지."

그런가, ○○씨, 감사합니다. 그때 나를 선택해주어, 처음으로 '사랑한다'고 말해준 남자친구와 마찬가지로 감사합니다. ○○씨는 여자지만.

옛날 사진을 보고 있으면, 정말 마음이 깨끗해진다. 겸허해지고, 부드러워진다. 오늘의 이 글은 여느 때와 다르다.

짠—! 새 집 완성

·인테리어에 신경 쓰는 사람이,
진정한 부자입니다

여러분—, 안녕하세요.

나는 지금 이 원고를 새 집의 작업실에서 쓰고 있답니다~.

태어나 처음으로 직접 생각하고 꾸민 집. 여태까지 계속 맨션에서 살았기 때문에, 단독 주택에서 살고 싶었다. 기쁘냐고 물으면 분명 기쁜 일이지만, 대출을 생각하면 복잡한 기분이다. 이사하기 전에 테츠오와 집 보러 왔을 때, 그 악담쟁이가 할 말을 잃은 듯 이렇게 말했다.

"이 집 사놓고, 대체 어떻게 돈을 갚을 건데."

친구로서 진심으로 걱정해준 것이다. 평수는 그렇게 크지 않지만, 세부적으로 공을 많이 들였다. 햇볕이 많이 비치는 테라스, 응접실은 흰 대리석 바닥에 흰 벽. 그리고 이탈리아 B&B사의 흰 소파.

건축업자들을 생각하면 이런 말이 실례가 되겠지만, 나는 사실 사는 곳에 그다지 집착하지 않는 사람이다. 식욕과 쇼핑욕에 지나치게

에너지를 쏟기 때문에, 주거에 대한 욕망이 사라졌다고나 할까.

대학생 때는 서너 평짜리 원룸 아파트에 살았지만, 나름대로 즐거웠다. 대출 받아 침대를 샀지만, 공간에 여유가 없어, 발의 반 정도는 벽장 하단에 올려놓고 잤다. 그리고 상단에는 꽃무늬 보자기를 치고, 그 안에 작은 물건들을 넣은 것이 내 인테리어의 첫걸음이었던 것 같다.

그후에는 다섯 평 남짓 되는 방에 화장실 하나, 그 다음은 욕실 겸 화장실이 있는 1DK(방1, 식당+부엌), 그후는 히가시아자부의 1LDK(방1, 거실+식당+부엌) 맨션, 하라주쿠의 3LDK(방3, 거실+식당+부엌) 맨션으로 단계를 높여갔지만, 어느 집이나 공통된 점은 굉장히 어질러놓고 살았다는 것이다. 마루가 보인 적이 거의 없다. 한 남자와 오래 사귄 것도 이 칠칠치 못한 성격 때문이 아닌가 생각한다. 왜냐하면, 이런 지저분한 방에서는 돌발사고를 일으킬 수 없기 때문이다. 충동적인 남자에게 갑자기 '너의 집에 가고 싶다'는 암시를 받아도 거절할 수밖에 없는 상황이었다.

그리고, 나는 깨달았다. 집을 꾸민다, 인테리어를 바꾼다는 것은, 그때까지의 그 사람의 미의식, 교양의 집대성이라는 것을. 꽃무늬 보자기를 커튼 대용으로 사용했던 여자는 비참했다.

하지만, 나는 분발했다.

"인테리어 전문가를 소개해줄까요?"

하는 사람도 있었지만, 단호히 거절했다. 앞으로 내가 살 집이다. 혹시나 취미가 별로라고 말하는 사람도 있을지 모르지만, 그것도 나 자신이다.

　나는 그렇게 생각한다. 사는 것에 관해서 타고난 센스가 좋은 사람과 나쁜 사람이 있을까. 입는 것에 있어서 센스란, 꾸준히 노력하고 연구하면 어느 정도의 수준에 이를 수 있다고 생각한다. 하지만, 사는 곳에 대한 센스란, 어른이 되고 나서의 얄팍한 지식으로는 턱없이 부족하다.

　인테리어 잡지를 보면, 젊은 부부가 그다지 돈을 들이지 않고 작은 집을 꾸미고 있다. 혹은 맨션을 리모델링하기도 한다. 잡지를 보고 배색이나 가구가 매우 근사하다고 생각한 적이 종종 있다. 아니면 젊은 크리에이터가 버려진 가구를 이용해 직접 색을 칠한다. 이것도 매우 좋은 느낌.

　옛날, 히가시아자부의 맨션에 살았을 때의 일이다. 이곳은 당시 잡지에 몇 번이나 소개되었을 정도로 멋있는 건물이었다. 전문직 고소득 여성을 대상으로 지어진 건물로, 외부는 콘크리트, 베란다는 강화유리를 사용해, 한층 눈길을 끄는 외관이었다. 바닥은 물론 목재 마루, 벽지는 흰색. 수납 공간을 매우 잘 만들어놓은 집에, 독일제 식기세척기도 설치되어 있었다. 한창 잘 나가는 탤런트, 텍스타일 디자이너, 다국적기업의 회사원, 스타일리스트 같은 사람들이 살고 있었다. 집 구조는 전부 1LDK였는데, 나름대로 개성 있는 사람들이 살고 있어서, 나는 매우 흡족해 했던 기억이 난다.

　그 중에서도 인상적이었던 것이 직물 공방을 운영하는 어느 여성의 집이었는데, 그녀는 거실 한가득 직조기를 설치해두었다. 그것이 매우 아름다운 구조를 이루어, 방을 지적으로 보이게 했다.

　나는 어떻게 살았는가 하면…… 침실은 옷으로 가득 차, 그것만으로도 집안이 엉망진창이 되었다. 침대를 거실로 옮겨놓은 것이 큰 실수였는데, 그것이 나중에 참상으로 이어진 것이다. 그때도 나는 고양이를 기르고 있었는데, 베란다와 집안을 마음대로 돌아다니게 했다. 그 때문에 도둑이 든 적도 있었지만, 워낙 어지러운 집이라 도둑이 든 것도 모르고, 경찰을 부른 것은 그로부터 1주일 후였다.

　나는 훨씬 오래 전부터 다짐한 것이 있다. 수납 공간이 충분한 내 집을 갖게 되면, 나는 결코 어지럽히지 않고 살리라. 하지만, 그것이 실수라고 깨달은 것은 이사온 지 이틀째인 오늘이다. 뭐, 이 집의 자세한 이야기는 〈앙앙〉의 '인테리어 특집호'에서.

뭐든 욕심내는 마리 양은~

간다 우노 양이 된 나는,
이런 차림을 한다.

구두는 물론
10CM 핀힐 →

최근 〈앙앙〉의 표지, 마음에 들었다. 간다 우노 양이 황홀한 누드를 선보인 것이다. 메이크업도 매우 자연스러워, 우노 양의 아름다운 몸매를 돋보이게 했다. 내가 만약 이런 몸을 갖고 있다면 뭐든지 할 수 있을 것 같다.

뻔뻔스럽다는 것은 잘 알지만, 내가 우노 양의 얼굴과 몸을 갖고 있다는 전제하에 하고 싶은 일들을 조목조목 적어보았다.

① 탱크탑과 핫팬츠라는 파격적인 차림으로 매일 거리를 걷는다.
② 해외 관광지에 가서(매우 호화로운 곳), 해변 혹은 풀장에서 수영복을 입은 채 하루종일 보낸다. 물론, 근사한 남자 2~3명을 보디가드로 채용한다.
③ 남국 콜로니얼 풍의 호텔 침대에서, 실오라기 하나 걸치지 않은

채 누워 있는다. 함께 있는 남성이 가까이 와도 개의치 않는다. 가끔,

"차가운 음료수 갖다줘."

하고 명령한다.

④ 한여름 파티에 심플한 슬립 드레스를 입고 등장한다. 액세서리 하나 장식하지 않았지만, 오히려 그것이 멋진 몸매를 돋보이게 할 것이다.

⑤ 섹스 도중에,

"이제 그만할래."

하고 말하며 일어선다. 뭔가 아쉬워하는 남자를 무시하듯 힐끗 쳐다보며 욕실로 들어가 샤워를 한다. 타월로 머리를 터번식으로 두르고, 가운을 걸치고 나와 TV를 켠다. 그 모습이 매우 섹시해 남자는 다시 하고 싶어한다. 하지만 나는,

"아무 짓도 하지 말고, 말도 하지 마!"

하고 명령한다.

⑥ 미국 통신판매에서 산 듯한 무늬 없는 순면 원피스를 입는다. 하지만, 나의 몸은 최고이기 때문에, 그 누구보다도 눈에 띄고 아름답다.

⑦ 이 사람이다, 생각한 남자와 반드시 그것을 하고 만다. 하고 싶으면, 내 쪽에서 유혹한다. 절대 교태를 부리거나 하지는 않는다. 그저 다리를 꼬고 앉아 "할까?" 하고 한 마디만 한다.

그 외에도 여러 가지 있지만, 뭐, 이 정도로 해둔다.

테츠오의 말에 의하면, 이 우노 양이 표지모델로 나온 호는 완전 매진되었다고 한다. 한 권도 남지 않고 팔렸다는 것이다. 이것은 편집장으로서 최고의 기쁨이다. 취임하자마자, 인덕도 없는 테츠오 편집장에게 우노 양이 멋진 선물을 해준 셈이다.

"몸매만 좋다면, 내가 누드 모델이 되어주었을 텐데."
하고 테츠오에게 말했더니,

"고마워. 그 마음만으로도 충분해. 아무것도 하지 않아도 돼."
하며 엄숙하게 말했다.

또, 요즘 나를 고민에 빠지게 한 뱃살에 대해 새로운 뉴스가 있다. 원래 나는 잡화점에 가서, 다이어트 식품이나 미용기구 사는 것을 취미로 삼고 있다. 얼마 전 근처 잡화점에 갔더니, '100% 다이어트 땀 배출 젤'이라는 것이 나와 있었다. 나는 그것을 손에 들고 잠시 생각했다. 이런 것을 이제까지 몇 십 개, 아니 몇 백 개는 샀을 것이다. 이런 걸로 효과본 적이 있었던가. 나의 몸은 이런 게 안 통한다. 하지만, '땀 배출'이라는 글자에 왠지 마음이 끌려, 나는 우두커니 들고 서 있었다. 한 개에 900엔이라는 싼 가격이라 별 기대는 하지 않았지만, 바르고 아침에 일어났더니 배 주위에 땀이 흥건히 배어 있는 게 아닌가. 상당히 마음에 들었다. 이 정도라면 잡화점 출입을 그만둘 수 없겠다.

나는 좋아하는 남자를 친구에게 빼앗긴 적이 한두 번 있다. 하지만, 친구의 남자를 빼앗은 적은 한번도 없다. 만일 신이 간다 우노 양의 몸을 3일간만 빼앗아준다면, 나 역시 그런 나쁜 짓을 해보고 싶다.
 여자라면 누구나, 형편상 어쩔 수 없이 사귀는 친구가 한두 명쯤은 있을 것이다. 단호히 교제를 끊으면 속 모르는 사람들이 "못됐어" 하고 말할 것 같은 그런 관계. 그런 소리가 듣기 싫어 질질 만남을 이어 간다. 물론 상대 여자가 성격이 나빠 나를 곤란하게 만든다. 뻔뻔스럽게도 남자 앞에서는 태도가 조신하게 바뀐다. 하지만, 이런 경우일수록 괜찮은 수준의 남자와 사귀기 때문에 화가 난다.

 ⑧ 간다 우노가 된 나는, 어느 날 그녀의 애인을 부른다. 술기운에 의지하지는 않는다.
 "나, 당신이 ○○의 애인이라는 게 싫어. 정말 싫어!"
라고 말하며 눈을 그윽히 바라본다. 그리고, 이렇게 말한다.
 "나를 지금 안아줘. 그리고 ○○와 비교해봐. 그리고 나서 내가 한 말을 잘 생각해봐."
 ······.
 이런 생각을 하느라, 나는 오늘 반나절을 보냈다.

멋진 몸매와 섹시함의 법칙

우노 양의 포즈

　신은, 정말 불공평하다. 마음에 드는 여자에게는 아름다운 얼굴을 주고, 동시에 아름다운 몸도 준다.
　〈앙앙〉의 간다 우노 양 사진을 보고, 다들 그렇게 생각했을 것이다, 틀림없이.
　우리집에는 자주 〈주간포스트〉 〈주간현대〉 〈주간보석〉 같은 아저씨 취향의 주간지가 배달된다. 물론 나는 전부 읽는다. 이들 주간지에는 반드시 누드 사진이 있는데,
　'드디어 그녀가 벗었다'
라는 제목의 기획이다. 아직 나름대로 인기를 유지하고 있는 댈런트나 여배우가 포즈를 취하고 있는데, 모두 감탄사가 나올 만큼 아름답다. 한치의 어긋남이 없다. 가슴은 크고, 허리는 잘록하고, 배꼽의 모양도 예쁘다. 물론 일류 사진작가와 최고의 조명시설이 가장 아름

다운 모습을 찍어준다. 하지만, 뭐야, 이것은. 얼굴은 예쁘지만 몸은 뚱뚱한 여자, 이 세상에 한 사람도 없지 않은가, 라는 생각이 들 정도이다.

아, 그러고 보니 어느 미인 여배우의 누드가 생각난다. '빈약한 가슴'이라고 써 있었는데, 내 친구는 그 사진을 보고 안심했다고 한다.

"어쩜, 아무리 아름다운 사람이라도 몸이 꽝일 수도 있구나……."

하지만, 어쩌다 한번쯤 예외도 있는 법. 이번주에도 〈프라이데이〉를 봤더니,

'드디어 청순파 여배우가 벗었다'

라는 제목이 있었다. 이 여배우는 그런 대로 인기 있는 배우인데, 몸매가 상당히 멋지다. 촬영 장소는 어디 남쪽 해변가의 호텔인데, 침대 위에서 벗은 채 몸을 비틀고 있다. 그러니까 남자의 망상을 불러일으키는 포즈를 취한 셈인데, 섹시하다기보다 그냥 아름다운 정도. 강한 태양빛에 굴하지 않는 새하얀 피부, 긴 다리, 그렇게 크지는 않지만 예쁜 가슴에 핑크빛 유두…… 나는, 만약 내가 남자이고 이런 여자와 함께 여행한다면 어떤 기분이 들까 생각해보았다. 기쁘고 행복해서, 하루종일 벗은 채 안지도 않고 바라보고만 있지 않을까.

요즘 나는……뭐, 내 신상에 대해 알고 싶은 사람도 없겠지만, 이야기의 흐름상 말하자면, 배의 군살이 대단하다. 지금까지도 굉장했지만, 그런 차원을 넘어섰다. 임신하여 부푼 만큼이 전부 지방이 되어버린 것이다. 근성 있는 사람이라면 필사적으로 트레이닝해서 뺐을 테지만, 어쨌든 나는 바빴다. 일도 바쁜데 이사까지 겹쳐, 어느 날

정신을 차리고 보니 나 자신도 '꺄악—' 하고 비명을 지를 정도로 몸이 이상해진 것이 아닌가.

"이제 몸이 이렇게 되어버렸으니, 끝장이야……."

나는 절망하며 남편에게 말했다.

"이제 기무타쿠가 구애해도, 절대로 받아들일 수 없을 거야, 나……."

"그럴 일 없으니까 안심해도 돼."

하며 남편은 냉소를 띄우며 말했다.

그뿐 아니라, 테츠오에게도 바보 취급당했다.

"당신, 진짜로 섹시한 데라곤 전혀 없는 사람이 됐네."

세상에 이런 실례의 말을 하다니. 나도 혼자 살 때, 애인이 있던 시절에는 나름대로 섹시했었다. 애인과 여행 가기 전에는 죽을 힘을 다해 다이어트를 하기도 했다.

생각컨대, 멋진 몸매를 향한 과정과 섹시미는 역시 정비례하는 게 아닐까. 마찬가지로 다이어트가 잘될 때는 행동도 대담해진다.

아름다운 얼굴과 몸매로 유명한 어느 여성(연예인이 아님)과 대담을 나누었을 때의 일이다. 장소는 호텔의 스위트룸. 그녀는 그리운 듯 주위를 바라보았다.

"전에 이곳 욕실에서 그와 포옹하면서 샴페인을 마신 적이 있어요."

아아, 그렇게 좋은 추억이……. 나는 눈물이 나올 정도로 부러워했다. 몸매에 자신이 없다는 이유로, 나는 여자로서 몹시 짜증나는 인생을 보내고 있다고 생각하니 슬퍼졌다.

여배우나 탤런트가 모두 섹시하다고 생각하는 것은 물론 아니지만, 그런 훌륭한 몸을 가지고 있다면, 유용하게 써먹고 싶은 것이 인간의 심리 아닌가. 남자의 기쁨을 위해서나 남을 위해서나. 좋겠다, 좋겠어. 내가 젊었을 때, 연상의 언니들에게 이런 말을 들은 적이 있다.

"너도 이제 남자하고 즐겨야 할 거 아니니?"

그렇지만 나, 몸에 자신이……라고 대답했더니, 호호호 웃으며 이렇게 말해주었다.

"그럼, 불을 꺼서 방을 어둡게 하면 되지."

하지만, 남자들에게 들었는데, 아무리 어두워도 나올 곳이 나왔는지, 이상한 곳에 군살이 붙어 있지는 않은지, 감촉만으로도 다 알 수 있다고 한다. 오랜 세월, 어두운 방에서 남자를 속여왔다고 여긴 나는 바보였다. 나를 상대해준 남자들의 마음이 얼마나 착했던가…….

얼마 전까지만 해도 섹스는 어두움 속에서 이루어졌다. 하지만, 최근에는 방이 훨씬 밝아진 듯하다. 이것은 아마도 성에 대한 의식 변화와, 무엇보다 여자의 자기 몸에 대한 자신감에서 나온 것이 아닐까. 모두 '만일 기무타쿠가 프로포즈한다면' 하는 마음가짐으로 분발하고 있는 것이다.

파티의 안주인이 되다

얼마 전, 집들이 파티를 열었다. 세상에나, 130명도 넘는 사람들이 와주었다.

이렇게 말하면, 굉장히 넓은 집에서 살고 있구나 하고 놀라겠지만, 비밀을 밝히자면, 파티 시간을 4시에서 9시까지 정해 원하는 시간에 와달라는 편지를 보낸 것이다.

아시다시피 〈미녀입문〉이 잘 나가고 있기 때문에, 그 인세의 몇 퍼센트를 파티를 위해 쓴 것이다. 겉치레를 좋아하는 나는, 이런 때 돈을 왕창 쓴다. 이탈리아 요리점에서 출장요리를 주문하고, 유니폼을 입은 서비스맨도 불러, 샴페인을 나르도록 부탁했다.

"개인집에서 이렇게까지 하다니, 대단해요."

라고 모두 칭찬해주어 기뻤다. 사실은 나, 친구에게서 한 가지 교훈을 얻었다. 그녀는 상당한 부자지만, 사는 곳에 대해서는 인색하기로 소문났다. 최근, 여자 혼자 살 만한, 별로 크지 않은 근사한 집을 구했다. 그 집들이 파티에 역시 수십 명의 사람들을 초대했는데, 가보고 놀랐다. 손수 만든 음식 몇가지에, 어디서 샀는지 모를 주먹밥, 게다가 안주거리라고는 땅콩 같은 게 전부였다.

"모두 양이 안 찬대."

내가 불평했더니,

"그럼 다들 먹으러 온 거야?"

하며 테츠오가 면박을 주었다.

"사람 나름대로 개성이 있는 거야. 당신은 그렇게 생각하지만, 누구나 다 나쁘다고 생각하는 건 아냐. 그럼, 당신은 노력해서 근사한 파티 한번 만들어봐."

그래서 애썼다.

젊었을 때, 나는 결혼에 대해 꿈을 갖고 있었다. 부잣집 마님이 되어, 집에서 자주 파티를 연다. 그래, 〈가정화보〉에 단골로 찍히는 그런 세계. 남편의 일 때문에 외국 생활을 하는 것도 나쁘지 않다. 외국인 부부를 초대하여 이야기를 나누는 나······.

그렇다, 그날을 꿈꾸며 쇼핑했던 시기도 있었다. 해외여행 때 구입한 수많은 린넨 제품들, 오간지 원단의 아름다운 테이블크로스. 덴마크에 갔을 때는 로열코펜하겐의 식기를, 독일에서는 로젠타르의 식기를 구입했다. 물론 디너 풀 세트이다.

하지만, 독신시절이 길어진 탓에 식기는 하나둘씩 없어졌다. 그리고 드디어 결혼하겠다고 마음먹었더니, 상대는 평범한 샐러리맨이다.

사는 곳도 이사하기 귀찮아 여태까지 살았던 비좁은 맨션이다.

디너는 어떻게 된 걸까, 외국인 부부는 어떻게 된 걸까…… 나는 슬퍼졌다. 하지만, 드디어 기다리고 기다리던 날이 왔다. 남편이 일 관계로 알고 지내는 미국인이, 가족을 데리고 일본으로 바캉스를 온다는 것이다.

"역시, 우리집에 초대해야겠어. 내가 미국에 갔을 때, 그의 집에서 신세를 졌거든."

"알았어, 알았어."

나는 매우 기뻤다. 젊었을 때 꿈꾸었던 외국인 초대 디너의 안주인이 되는 것이다. 좋다, 지금까지 모아왔던 식기들도 다 끄집어내야지. 요리는 대단하지 않아도 좋다고 남편이 말했고, 또 원래 미국인은 먹는 것에 그다지 관심이 없다. 일사천리로 준비하자…….

하지만, 나는 중요한 것을 잊고 있었다. 나의 영어 실력이 형편없다는 사실을……. 쇼핑 안내 정도는 어떻게 해보겠지만, 디너 중간중간의 대화에는 자신이 없다. 나는 외국 경험이 많은 친구에게 상담했다.

"괜찮아, 너는 주로 아이하고 이야기하면 돼. 그렇게 해서 시간을 보내는 거야."

그녀는 격려해주었다.

"그리고, 좀 딱딱한 요리가 좋아. 어, 애들은 13살하고 15살이라고 했지? 그럼, 켄터키후라이드 치킨을 사서 접시에 담으면 돼."

드디어 파티의 날이 왔다. 나는 지금까지 손님 초대했던 것을 떠올리며 이것저것 순서를 생각했다. 유럽인이나 미국인은 아무리 좁은 곳이라도 식전에 술을 한잔 하는 곳과 식사를 하는 곳을 반드시 구분한다. 이것은 전혀 어려운 일이 아니다. 아페리티프(식전 술)는 거실의 소파에서, 식사는 4미터 이동하여 다이닝테이블에서 하면 된다.

남편의 회사 사람이 두 명 왔는데, 모두 영어에 능통하다. 남편도 그렇고 다들 즐거운 듯이 농담을 나누며(그렇게 보였다) 웃고 있다. 나는 그 사이 재빨리 요리를 나르며 술을 따른다. 예상대로 두 아이는 초밥이나 훈제연어 같은 것에는 손도 대지 않고, 켄터키후라이드치킨만 먹고 있었다. 〈가정화보〉의 세계와는 다른 느낌이 들었지만, 이것이 바로 나의 안주인 데뷔인 것이다.

물론 오프닝 파티도 있었지만, 130여 명을 안내하고, 집안을 구경시키고, 요리를 권하는 일은 상당히 힘들었다.

"하야시 씨, 눈밑에 그늘이 생겼어요."

하고 걱정해주는 사람이 있을 정도였다. 파티의 호스테스는 훈련이 필요하다고 생각한다. 나는 이제까지 너무나 좁고 지저분한 곳에 살았기 때문에, 사람을 초대할 엄두를 못 내었다. 처음에는 서너 명이 주말 파티를 여는 것이다. 여기에서 경험을 쌓아야 비로소 130명을 소화할 수 있다.

나의 역사는 비만과의 전쟁

하~이, 마이클,
I'm so fine

얼마 전 나는, 정말 오랜만에 체중계에 올랐다. 그리고, 꽝 하고 뒷머리를 얻어맞은 기분을 느꼈다.

체중이 엄청나게 불어 있는 게 아닌가. 작년 가장 말랐을 때와 비교하면, 무려 7kg나 늘었다! 7kg, 7kg. 보통 사람이라면 자살했을지도 모르는 수치다.

나는 거짓말 하나도 안 보태고, 눈물을 주르륵 흘렸다. 최근 들어 출산, 이사, 그리고 대 이벤트 때문에, 내 자신을 돌보지 못한 것은 사실이다. 다이어트보다 건강을 챙겨야 한다고 생각했다. 그 결과가 이것이다.

그렇다고는 해도, 전혀 주의하지 않은 것은 아니다. 과식했을 때는 저녁식사를 생략했고, 케이크는 필사적으로 피했다. 그런데, 그런데……

생각해보면 나의 역사는 비만과의 전쟁이라고 해도 좋을 것이다. 뚱보는 나의 숙명이라고 여기며 포기한 적도 있다. 하지만, 나는 분발했다. 포기해서는 안 된다고 나 자신에게 몇 번이나 다짐했던가.

하지만, 체중의 증감이 나의 인생을 결정했다. 뚱보였을 때, 좋아하는 남자에게 넌지시 접근했다가, 단호히 거절당한 것이 한두 번이 아니다. 남자들은 이 배의 군살을 보면, 플라토닉러브가 아니면 안 된다고 생각하는 것이다.

하지만, 눈치 없는 나는 걱정이 태산이다. 그의 눈에 나는 어떻게 비칠까…… 이런 경우, 팬티 한 장만 입고 거울 앞에 서는 일이 자주 있다. 그뿐만 아니라, 나는 가지가지 한다. 거울 앞에 누워 뱃살의 상태를 점검한다. 그 결과, 어떤 포즈를 취했을 때, 나의 허리가 완전히 행방불명되는지 깨달았다. 그런데, 단 하나의 자랑거리라고 할 수 있는 가슴이 뱃살에 묻혀 두루뭉실 자취를 감추어간다.

그래, 먹고 바로 자면 허리도 없어지지만, 가슴도 없어진다. 그렇게 되면 플러스 마이너스 제로. 내 경우는 아무래도 좋은 상황이 아니다. 나는 항상 거절당하는 입장이기 때문에, 상대의 결점 한두 가지쯤은 그냥 넘어갈 수 있지만, 상대는 나의 결점을 눈감아주지 않는다……, 라고 이것저것 생각한 경험은 누구나 있을 것이다. 헤, 나만 그런가.

그런데, 나는 10년 전에 고급 스포츠클럽에 가입했었다. 여기에서 몸매 만들기 운동을 했는데, 일 핑계로 게으름 피우다 최근 몇 년 간 전혀 가지 않았다. 들리는 소문에 의하면, 다른 고급 스포츠클럽이

망해서, 거기에 다니던 연예인들이 대거 이쪽으로 옮겨왔다고 한다. 스포츠클럽에 가면, 그야말로 굉장한 스타들이 잔뜩 있다고 하니, 더더욱 갈 수 없게 되었다.

최근에 인기 여배우, 완전한 몸매를 자랑하는 A씨를 만났는데, 그녀도 얼마 전에 그 클럽에 가입했다고 한다.

"그럼, 수영하세요? 수영복 입고?"

내가 침을 꿀꺽 삼키며 물었다.

"네, 물론."

그녀는 빙긋이 웃으며 대답했다.

"어머, 어머, 그리고 나서 샤워장에도 들어가나요? 그 큰 샤워장에?"

"당연하죠. 그게 왜요?"

안 돼, 마치 자신이 남자라도 된 듯이 흥분하고 말았다.

그래서 그 스포츠클럽에는 도저히 갈 수 없게 되었다. 하지만, 체중계를 확인한 나의 마음은 어둡게 가라앉는다.

"이제 나는 두 번 다시 사랑할 수 없을 거야……."

그러고 있는데, 나의 눈앞에 '스포츠클럽, 지금 가입하면 50% OFF'라는 포스터가 날아든 것이 아닌가. 상점가 안에 있는 매우 서민적인 클럽이다. 나는 즉시 클럽을 방문했다.

오, 이건 또 뭐야. 외국인이 잔뜩 있어, 마치 로스앤젤레스나 샌프란시스코에 와 있는 것 같다. 접수계에 있는 직원도 일본인이 아니다. 나는 영어로 말했다.

"저, 일본어가 가능한 사람을 부탁합니다."

"OK."

보라, 나의 영어 실력을. 곧바로 일본 여성이 나타났다. 그녀의 설명에 의하면, 이곳은 동네가 동네이니만큼 외국인이 매우 많은데, 회원의 3분의 1 정도가 외국인이라고 한다. 멍해진 나의 머릿속은 금세 공상에 빠져든다. 트레이닝중인 나에게 마이클이 말을 건다.

"하이, 마리코. 힘내세요."

"하이, 마이클. 고마워요. 덕분에 체중도 많이 줄었어요."

"오, 노우, 당신은 더 이상 살을 뺄 필요 없어요. 퍼펙트해요."

"그래요? 나도 그렇게 생각해요. 이따가 맥주라도 한잔 할까요?"

어떤가, 영어회화 레슨도 할 수 있으니까 일석이조 아닌가. 게다가 연회비는 10만 엔이라는 저렴한 가격. 집에서 걸어서 6분밖에 안 걸린다. 앞으로의 나의 모습을 지켜보시라. 나는 이제 체중계 위에서 울지 않는다. 사랑에 빠질 거다. 물론 마이클과.

잃어버린 사이즈를 찾아서…

질 샌더는 입어보지
않고는 모른다고.

작년의 일이다. 입덧이라는 것을 처음으로 체험했는데, 정말 괴로웠다. 하지만, 그때 동시에 나는 어떤 것도 처음 체험하게 되었다.

그것은 음식이 정말 싫다, 라는 생각이 든 것이다!

인간은 무엇을 위해 먹는 것일까. 극히 동물적인 행위를 하고 있는 것이 아닌가. 이런 것에 그토록 집착하고, 몰입했던 나는 얼마나 어리석은 여자인가…….

아니, 그때는 인생관이 바뀌고 있다고 생각했다. 당연히 나는 점점 야위어가서, 모두들 걱정할 정도였다. 너무 뚱뚱하다고 걱정해준 적은 있지만, 말랐다고 걱정해준 것은 또 처음 있는 일이다.

'분명 나, 인격이 근본적으로 바뀐 거야. 마르고, 우울한 성격의 여자가 되고 있는 거야.'

심각하게 고민했지만, 나름대로 기분은 좋았다. 마르고 우울한 여자, 한번이라도 그런 여자가 되어보고 싶었다.

그런데 1년 만에, 그것은 순간의 착각이라는 사실을 확실~히 깨달았다. 나는 전보다 더 많이 먹게 된 것이다.

계기는 어느 파티. 샤토 라투르라고 하여 유명한 와인을 연대별로 마시는 디너였는데, 몹시 기대했던 자리다. 같이 참가한 사람은 야마모토 마스히로(요리평론가) 씨와 요리잡지의 편집장이다. 당연히 먹는 이야기로 열을 올리다가, 일본에서 가장 맛있는 초밥요리점으로 자리를 옮겼다.

마스히로 씨 같은 사람에게 강의를 들으면서 음식을 먹으니, 어찌 즐겁지 않을 수가 있으랴.

"다음 번에는 일본 제일의 튀김집으로 갑시다."

그래서 어제 갔다왔다. 히로카네 겐시(만화가) 씨, 사이몬 후미 씨 부부도 함께했다. 우리 남편도 합세해, 2차로는 다른 레스토랑으로 가서 맛있는 디저트에 샴페인을 마셨다.

아아, 행복하다. 사는 게 즐겁다.

하지만, 이런 것을 먹었다고 뚱뚱해지는 것은 아니다. 요즘은 와인도 꿀꺽꿀꺽 마신다.

그런데, 가와시마 나오미(여배우) 씨가 최근 와인 책을 펴내, 직접 사인한 책을 한 권 보내왔다. 책 내용 중에 그녀가 이런 식으로 말한 게 있는데, 나는 충격을 받았다.

'주위 사람들에게 와인을 마셔서 살이 쪘다는 말을 듣는 것은 와인에 대해 모독이기 때문에, 나는 매우 주의하고 있다. 맛있는 와인을

마시는 날은 아침부터 스포츠클럽에 가고, 아무것도 먹지 않는다.'

이런 정신의 10분의 1이라도 내게 있다면, 이렇게 되지는 않았을 거라고 크게 반성했다.

또, 최근의 일인데, 추동 제품을 물색하러 쇼핑에 나섰다. 업계의 거물이자 모 여성지의 편집장인 A씨와 같이 갔다. 사실, A씨로부터 전화를 받은 것이다.

"하야시 씨, 꼼므 데 갸르송의 블라우스, 어떻게 했어요? 이제 여름 다 지났잖아요."

문턱 높은 꼼므 데 갸르송 본점에서 쇼핑했던 일은 이미 이야기한 적이 있다. 레이스 달린 블라우스를 샀는데, 잠깐 볼일이 있어서 맡겨두고 나왔었다.

"얼마 전에 갸르송에 갔는데, 하야시 씨가 언제쯤 찾아갈지 걱정하고 있더라구요."

그래, 그래. 그날로부터 벌써 두 달이나 지났다.

"그럼, 나도 갈 테니까 같이 가요."

라는 고마운 전화였다. 그리고 A씨와 꼼므 데에서 가을 상품을 잔뜩 샀다.

"나온 김에 다른 매장도 들를까요? 뮤뮤 매장을 하야시 씨에게 보여주고 싶어요."

최근 아오야마의 네즈 미술관 부근에는, 인기 매장들이 대거 이사를 왔다. 우리는 여기저기 돌아다녔다. 뮤뮤, D&G, 질 샌더…… 질 샌더라면, 요즘 내가 크게 관심을 갖고 있는 브랜드다. A씨도 칭찬을 아끼지 않는 센스 있는 미녀, 야마모토 요코 씨의 전용 브랜드이다.

나도 두세 번 구입한 적이 있지만, 여기 옷은 너무 비싸다. 정장도 아닌 캐주얼이 이렇게 비싸다니, 하며 화가 날 정도이다. 하지만, 요코 씨는 말한다.

"질 샌더의 우수함은, 입어본 사람이 아니면 알 수 없어요."

마름질이 전혀 다르다고 한다. 좋아, 그럼, 입어보면 되지, 하는 마음으로 매장에 들어선다. 하지만, 슬프게도 사이즈가 전혀 없다. 얼마 전까지 딱 맞았던 사이즈도 이제는 불가능하다. 이 슬픔, 짜증, 맛보지 않은 사람은 알 수 없다.

"그러고 보니, 하야시 씨가 살이 빠지면 입겠다던 ○○, 요즘은 잘 안 팔린대요."

A씨가 일격을 가한다. 팔리지 않는다는 말을 들은 순간, 나는 ○○의 옷이 갑자기 싫어졌다. 그렇다, 어떻게 해서든 차지하고야 말겠다고 생각한 불륜의 남자가, 아내에게 버림받았다는 말을 들었을 때의 기분도 이럴 것이다. 갑자기 흥미가 사라졌다. 여자란 그런 것이다…….

하지만, 이런 근사한 말을 해도, 사이즈가 없지 않은가!

굴욕의 치수재기

15cm 밖에 차이가 안 난다
나의 몸이여……

　내 인생에 있어서 지금까지 가장 멋진 이벤트라고 한다면, 결혼식은 제외하고, 10년 전 빈의 무도회에 다녀온 것이다.
　오페라 극장에서 19세기 모습 그대로 대무도회가 펼쳐진 것이다. 남성은 연미복, 여성은 이브닝드레스 차림이 관례이다. 십여 명의 여자들이 새하얀 드레스를 입고, 핸섬한 파트너에게 손을 맡기고 행진하는 모습은 정말 장관이었다. 영화나 소설에서 보았던 세계가 눈앞에 있다는 것에 나는 감동했다.
　그리고 다시, 멋진 이벤트 초대장이 도착했다. 베르사유 궁전에서 파티를 여는데, 전세계 200명의 인사들이 초대된다. 일본을 내표하는 한 사람으로서 하야시 씨를 초대한다는 것이다. 이얏—호!
　이런 때 가장 먼저 떠오르는 것은 역시 드레스이다. 기모노를 입으면 좋겠다는 의견도 있었지만, 내 경험상 기모노가 돋보이는 때는 좀

더 인원수가 적은 파티이다. 베르사유 궁전 같은 거대한 건물에서의 파티라면, 소재나 무늬의 정교함, 그리고 아름다움으로 승부를 거는 기모노는 어울리지 않는다.

나는 〈앙앙〉 대담 때 늘 신세를 지는 스타일리스트 마사에 씨에게 부탁했다.

"시간이 없어서 그러는데, 어디서 이브닝드레스 좀 구해주실래요? 예산은 ○○엔 정도."

그녀는 열심히 찾아다닌 것 같다.

"그런데요 하야시 씨, 아직 추동 제품이 입하되지 않았어요. 일본에 들어오는 이브닝드레스는 수가 적어서……."

나중에 테츠오가 내게 심술궂게 말했다.

"사실은 사이즈가 없어서 못 구한 거 아닐까? 아직 입하되지 않았다는 말은 좀 궁색한 변명 같지 않아?"

정말 싫은 인간이다. 하지만, 마사에 씨는 이렇게 조언해주었다.

"여러 사람한테 물어봤는데요, 이브닝드레스라면 역시 모리 하나에 선생에게 의뢰하는 것이 가장 좋대요. 유럽 사교계에 정통한 분이기 때문에, 큰 파티가 있으면 어떤 사람이 어떤 드레스를 입는지 리스트를 갖고 있을 정도래요."

좋—았어! 나는 주먹을 들어올렸다. 다행히도 〈미녀입문〉이 베스트셀러가 되고 있다. 그런데, 그 인세를 드레스를 맞추는 데 탕진해야 하는가!

실은 나, 모리 선생에게는 몇 번이나 신세를 졌다. 웨딩드레스, 피로연 의상, 그리고 빈 무도회 때의 드레스도 선생에게 부탁한 것이다. 평소 궁핍한 생활을 하고 있기 때문에, 모리 선생의 오트쿠튀르는 문턱이 높아 넘기 힘들지만, 좋아, 가보자, 나에게는 〈미녀입문〉이 있지 않은가.

하지만, 그 전에 내게는 큰 문제가 있었다. 산후 몸매 관리가 허술한데다, 최근 와인과 미식의 날이 이어지고 있다. 배에는 여기저기 군살이 붙어 있다. 요즘은 무서워 체중계에도 오르지 않는다.

하지만, 마음을 굳게 먹고 찾아갔다. 모리 선생이 친절하게 맞아주었고, 살롱에서 함께 비디오를 보았다. 올해 파리 컬렉션에 참가한 선생의 작품을 촬영한 것이다. 그 중에 매우 아름다운 빨간색 이브닝드레스가 있었다. 우아하고 기품 있는 붉은색으로, 실루엣이 매우 아름답다. 이브닝드레스라면 검은색이 많은데, 이 색은 매우 신선하다.

"하야시 씨에게는 이게 가장 잘 어울리지 않을까 생각해요."

그리고 곧바로 별실로 들어가 치수를 쟀다. 어떤 남자가 재고, 어떤 여자가 사이즈를 받아 적었다. 나는 몹시 불안하여 몸이 딱딱하게 굳는 것을 느꼈다. 하지만, 이제는 어쩔 수 없다.

여름 블라우스 위로 줄자가 휘감겼다. 바스트, 언더바스트는 그런대로 넘어갔다. 문제는 그의 손이 웨스트에 걸렸을 때다. 헉, 하고 말문이 막힌 듯한 기분이 들었다.

"이 끝이 좀……."

"네, 네."

"그럼, 이 정도로 할까요……."

하며 줄자를 꽉 조였다. 이 치수를 나는 평생 입에 담지 못할 것이다. 단, 바스트와 15㎝ 차이밖에 안 난다고 말해두겠다. 테츠오에게 이 사실을 보고했더니,

"헉, 15㎝나 차이 난다고? 대단하네."

하며 놀려댔다.

하지만, 나는 그날부터 마음을 고쳐먹었다. 스포츠클럽에 가입해 놓고 한 번도 가지 않고, 다이어트도 지금 당장 실천하지는 않았지만, 이번에는 진짜로 다급해졌다. 나는 저녁식사를 생략하고 알코올, 단 음식 등은 딱 끊었다. 그리고 복근운동도 한다. 교정속옷도 샀다.

그리고, 보아라, 이 성과. 불과 1주일 만에 지금까지 '맞지 않았던' 스커트가 쏙 들어가고, 얼굴도 홀쭉해졌다. 당근을 눈앞에 던져주면, 아무리 시원찮은 말이라도 먹으려고 애쓰게 마련이다.

몸매가 다르면 옷도 달라진다

• 이런 드레스

그래서, 오트쿠튀르의 이브닝드레스를 맞춘 나.
굴욕적인 치수재기를 겪고, 나는 결심했다.
'좋아, 젖 먹던 힘까지 다하자.'
왜냐, 거기에 대해서는 할말이 많다.
인테리어 특집 기사를 낼 때, 나는 이렇게 말했다. 집 꾸미기는, 이제까지의 센스와 미적 감각의 집대성이라고. 그리고, 이제 깨달았다. 이브닝드레스야말로 여자의 아름다움의 집대성이라는 것을.
아름답고 몸매가 좋다면 물론 유리하지만, 그것만으로 이브닝드레스가 어울리는 것은 아니다. 젊어서 얼마나 많은 파티 경험이 있는가, 관록이 있는가, 하는 것이 문제가 된다. 즉, 내용이 있느냐 그렇지 않느냐 하는 차이다.
패션 관계자들은 종종,

"옷은 결국, 내용입니다."

라고 말하지만, 무슨 소린지 이해하기 어렵다. 나 또한 잘 모르겠다. 하지만, 이브닝드레스의 경우, 내용이란 것이 무엇인지 알 수 있다. 아무리 예쁜 여자라도, 어제 오늘 데뷔한 초보자는 역시 근사하게 입지 못한다. 그저 긴 원피스를 입은 것에 지나지 않는다. 경험 많은 여배우가 입으면 그야말로 '오!' 하는 감탄사가 절로 나온다.

또, 내용만이 아니다. 이브닝드레스는 상반신의 피부가 노출되기 때문에, 수시로 점검이 필요하다. 등에 군살이 붙지는 않았는지, 주름은 없는지, 목덜미는 아름다운지, 잔털은 없는지 등등… 평소에 어떻게 관리하고 손질하는지 다 드러난다.

나는 직업상 팔꿈치의 거무스름한 부분이 마음에 걸린다. 원고를 쓰다가 무의식중에 팔꿈치를 괴고 있어서 각질이 생긴 것이다. 여러 가지 화장품을 다 발라보았지만, 좀처럼 부드러워지지 않는다.

얼마 전 모 여성지를 보았더니,

'기능성 화장품 총 점검'

이라는 기사가 있었다. 홈쇼핑에서 구입할 수 있는 희한한 기능성 화장품을 총 망라해놓은 것이다. 그 중에서 '한번만 사용해도 피부가 하얘지는 팩'이라는 것이 있었다.

"이런 건 효과 없다고 생각했는데, 대단하다. 한번으로도 하얘졌다"라고 쓰여 있는 것이 아닌가. 하지만, 그 팩, 마치 연예인과 밀회하는 사람처럼 모자이크 처리되어 있다. 나는 즉시 편집부에 전화를 걸었다. 다행히, 나는 그 여성지에 칼럼을 쓴 적이 있다. 담당자에게 물었다.

"미안하지만, 그 모자이크 처리된 팩의 이름 좀 가르쳐줄래요?"

"그러죠. 그보다는 샘플을 많이 갖고 있으니까, 그걸 보내드릴게요."

시험삼아 사용해보았는데, 손등의 색이 확실히 변했다. 토요일에 친구를 불러 그녀에게도 시험해보았는데, 골프 치느라 거무스름해진 손목이 한번만에 확 변한 것이다. 그녀도 놀라 즉시 그 자리에서 본사에 전화를 걸어 2개 주문했다.

나는 매일 이 팩을 팔꿈치와 얼굴에 사용하고 있다. 사용한 직후에는 확실히 하얘진다. 하지만, 3시간이 지나면 원래대로 돌아오는 것은 무슨 원리 때문인가.

"하얀 가루가 피부에 들어가, 하얗게 보이는 거 아닐까."
라고 친구는 추리한다.

하지만, 나는 기죽지 않고 매일 사용하고 있다. 다이어트도 물론 열심히 하고 있다. 이처럼, 아름다움이라는 당근을 먹으려는 나의 노력은 눈물겹도록 대단하다. 나 자신도 근성 있다고 생각한다.

저녁식사는 생략하고, 단 음식과 알코올도 입에 대지 않은 결과, 일주일 만에 2.5kg 빠졌다. 일주일 만에 테츠오를 만났는데,

"얼굴이 변했어."

하며 놀랐다. 하하하, 나를 어줍잖게 보아선 안 돼. 나는 지구력은 없지만, 집중력은 강하거든.

드디어 드레스 가봉하는 날. 아름다운 빨간색 새틴 드레스. 그렇지

만…… 어딘지 다르다. 파리 컬렉션의 모델이 입고 있던 것과 진짜 같은 것인가? 나는 당황했다. 하지만, 곧 알아챘다.

　그렇구나, 몸매가 다르면 이렇게 차이가 나는구나…… 그리고 가봉이 시작되었다. 나는 다이어트도 열심히 했지만, 속옷도 열심히 입었다. 옛날에 산 교정속옷을 입고, 그 위에 허리 교정 복대를 둘러 꽉 조였다.

　"하야시 씨……."

　핀을 꼽고 있던 남성이 얼굴을 들었다.

　"이 정도로 할까요—?"

하며, 줄자를 조였던 사람이다.

　"하야시 씨, 허리가 5㎝나 줄었어요."

　봐라, 이 노력. 단 일주일 만에 5㎝. 인간 승리다. 노력은 반드시 보상이 돌아온다. 모리 선생도,

　"하야시 씨, 열심히 했군요, 대단해요."

라고 칭찬해주었다. 세계적인 디자이너 모리 씨에게 웨스트 걱정까지 하게 만들고, 나는 정말 못말리는 여자다.

　집에 돌아와 남편에게 자랑했더니,

　"그렇게까지 신축성 있는 배인 줄 몰랐네."

한다.

　"좋아, 이 드레스 입고, 파리에서 애인 구할 거다."

라고 남편에게 쏘아 주었다.

전설의 왕발

나는 태어나 처음으로
나의 발을 측정했다.

가을이 되면 왕발인 나는 매우 기쁘다.

왜냐하면, 멋내기가 훨씬 쉬워지기 때문이다.

나 자신은 결코 센스 있는 인간은 아니지만, 주위에 멋쟁이들이 많기 때문에, 정보를 쉽게 얻을 수 있다. 잡지를 보거나 매장을 둘러보는 것도 매우 좋아한다. 하지만, 애석하게도 늘 사이즈 문제가 걸려, 생각한 대로 코디할 수 없는 경우가 많다. 특히 발.

여름에는 스타킹이나 타이츠를 신을 수 없어, 거의 맨발이다. 따라서, 구두 트러블이 자주 일어난다. 외출을 할 때, 전신을 거울에 비춰본다. 스커트 길이를 확인한다. 이러면 나에게 어떤 구두가 잘 어울릴지 알 수 있다. 오늘은 굽이 좀 있는 평범한 스타일의 구두를 신자. 오늘은 화려한 게 좋겠다 등등.

올해도 바겐세일 제품을 포함해 구두를 잔뜩 샀다. 올해는 하얀색

에도 도전해보았는데, 그것만으로도 다섯 켤레는 족히 된다. 하지만, 막상 신으려고 하면, 엄지발가락과 새끼발가락이 비명을 지른다. 가을과 겨울에는 타이츠나 양말을 신기 때문에, 구두가 조여도 완충 작용을 해준다. 하지만, 맨발인 여름에는 5배 정도는 더 아프다. 아무리 타고난 근성으로 참고 신는다고 해도, 현관을 나설 때는 고통의 인어공주 상태(저 로맨틱한 동화이야기, 알죠?). 현관까지 신고 나갔다가 바꿔 신으려고 돌아온 때가 한두 번이 아니다.

그 결과, 정장에 어울리지 않는 구두를 신는 경우가 종종 있다. 이런 때, 상당히 기분이 나쁘다. 특히 멋쟁이 친구를 몇 명 만날 때는 내 자신이 싫어서 집에 돌아오고 싶어진다. 발을 보면 다들 최신 유행 구두를 신고 있다. 나도 이런 거 신고 싶어, 나도 이런 게 좋단 말이야, 울며 호소하고 싶은 심정이다.

또 최근의 일이다. 이브닝드레스 용 구두를 맞추기 위해 모 구두점에 갔다. 이브닝드레스를 입을 때 가장 잘 어울리는 구두는, 같은 소재를 사용한 것이라고 한다. 다들 알고 있었는가? 나도 이번에 처음 알았다.

그 구두점은 긴자에 있는데, 뭐랄까, 매우 대중적이기 때문에, 오히려 들어가지 않았던 상점이다. 주문 코너에 가서, 발의 형태를 본떴다. 남자가 무릎을 꿇고 앉아, 내 발을 연필로 따라 그렸다. 좀 창피했다. 작고 귀여운 발이라면 모를까, 245㎜의 넓적한 발이다.

하지만, 그 결과, 놀라운 사실을 알았다. 내 발은 실제로 235㎜였던 것이다.

"발폭이 좀 넓죠?"

"네, 그러네요."

남자는 극히 사무적으로 대답했다.

"그럼, 살이 빠지면 발도 작아지나요?"

"뭐, 어느 정도는 가능하겠죠."

다이어트했다고 해서 245mm가 220mm로 된다는 것은 터무니없는 얘기다.

꽤 지난 일인데, 어느 잡지에 이런 기사가 실렸었다. 전쟁 전에 비해 쌍꺼풀로 태어난 아이의 수가 훨씬 많아졌다는 것이다. 세상에 '쌍꺼풀진 눈이 더 예쁘다'는 가치관이 팽배해지자, 이상하게도 인간은 그 방향으로 진화하게 된다.

바스트도 그렇다. 내가 젊었을 때는, 가슴이 큰 것과 작은 것 어느 쪽이 좋은가 했을 때, 두 가지 의견으로 나뉘었다고 생각한다.

'가슴 큰 여자는 멍청하다'

는 속설이 존재하던 최후의 세대이다.

'가슴이 작아야 옷을 근사하게 잘 입을 수 있다'

고, 잡지에 큼지막하게 써 있을 정도였다. 이제 왕년의 영광은 사라졌지만, 당시의 나는 사이즈가 꽤 컸다. 하지만, 골빈당으로 취급당하거나, 치한에게 혼쭐이 나는 등, 좋은 기억이 없다. 몸에 꼭 맞는 옷이라도 입으면, 가슴에 달라붙지 않도록 고양이 등처럼 구부리고 다녔다. 으으, 그때를 생각하면 정말 분하다.

지금이야 거리를 다니는 여자들 대부분이 몸에 딱 들러붙는 옷을 입고, 가슴을 내밀며 당당하게 활보한다. 기분 탓이 아니라, 가슴 큰 여자들도 훨씬 많아졌다. 여기에서도 '쌍꺼풀의 법칙'이 그대로 적용된다.

　나는 생각한다.

　가슴과 마찬가지로 발도 큰 게 더 예쁘다는 풍조가 생겨나지 않을까. 올 여름은 키높이 구두나 큰 신발이 유행하긴 했지만, 아직은 좀 애매하다. 여자들은 데이트할 때 역시 굽 높고 폭 좁은 샌들을 신는 경우가 많기 때문에 아직 안심할 수 없다.

　"발은 커야 멋있다"는 유행이 생긴다면, 신발 시장은 더 충실해질 것이다. 그렇긴 해도 저 'L 사이즈'라는 무신경한 문자, 어떻게 좀 안 될까. 구두 바겐세일에 갈 때마다 불끈 화가 치미는 나.

　어려서부터 느낀 마음의 상처 때문에, 'L 사이즈'라는 문자는 단호히 거절해버린다.

나의 다이어트 동료

어느 날,
꼼꼭 데니 니트를 입은 나는,
열차 안에서 새파랗게 질리고 말았다.
바디 수트(•래 귀가 붙은 꽉 끼는 속옷)를
입은 것은 좋았는데,
살의 배치를 잘못해, 등에 혹이 생겼다.

나는 1년 중 300일 정도는 체중에 대해 생각한다.

그리고 65일은 다이어트에 대해 완전히 잊어버리고, 오로지 먹고 자고 또 교제를 한다. 이 세상에 체중계라는 것은 존재하지 않는다는 듯이 지낸다. 그리고 뭔가 계기가 생기면 체중계에 올라 새파랗게 질린다. 이때부터 마음을 고쳐먹고 남은 300일에 걸쳐 다이어트를 한다. 이런 식의 생활이 계속 반복된다.

그 결과, 무슨 일이 일어났을까. 요요현상이 되기 쉬운 몸이 되기도 했지만, 내가 말하고 싶은 것은 다이어트 친구가 생겼다는 것이다. 우리는 끊임없이 정보를 교환하고, 서로의 몸매에 민감히게 반응한다.

절친한 그 A씨는 남성이지만, 나처럼 쉽게 살이 쪘다가 빠졌다가 한다. 살이 빠질 때는 핸섬한 남자지만, 좀 찌면 갑자기 아저씨처럼 되어버린다. 본인도 그 사실을 알고 끊임없이 다이어트에 매진하지만, 그의 방법에 운동은 일절 없다. 그것은 몸을 망가뜨린다는 지론 때문이다. 그 대신 약에 대해서는 매우 해박한 지식을 갖고 있다.

어느 날 A씨로부터 상당히 효과가 좋다는 한방약을 소개받았다. 한달에 5kg 빠지는 게 꿈이 아니라는 것이다. 나는 즉시 한 병 구입했다. 1만 엔이나 한다. 대체 나는 이런 것에 얼마나 많은 돈을 쏟아 부었던가, 좀 서글퍼졌다.

어쨌든 설명서를 읽는다. 매일 3회, 5~12알 먹으라고 써 있다. 12알은 좀 많은 것 같았지만, 처음인데도 12알 먹었다. 그런데 그날 오후부터 나의 비극이 시작된 것이다. 설사를 한다, 는 정도가 아니다. 30분 간격으로 화장실에 들락거렸다. 이날 나는, 모 남성 두 명과 초밥을 먹고 있었는데, 얼마 지나지 않아 식은땀이 흐르기 시작했다. 작은 음식점이기 때문에, 화장실이 가까이 있다. 나의 추한 모습을 보이고 싶지 않았다. 하지만, 참는데도 한계가 있는 법.

나는 어떻게 했을까.

전화를 걸고 오겠다는 핑계를 대고 음식점을 빠져나와, 빌딩 안의 다른 화장실로 달려갔다.

"너무 심해요. 배가 부글거려서 데이트도 제대로 못했어요."

내가 항의했더니, A씨는,

"그 정도도 안 되면 살이 빠지나요. 열심히 하지 않으면 소용없어요." 하며 나를 격려해주는 것이었다.

나는 훨씬 전, 아직 A씨와 가까워지지 않았을 때, 그와 대담을 나

눈 적이 있다. A씨는 내게 이런 말을 했다.

"여자는 절대로 미인이 아니면 안 됩니다. 성형수술을 해서라도, 여자는 아름다워야 해요."

나는 세상물정 모르는 소녀처럼 이렇게 말했다.

"그럼, 여배우 ○○처럼 하면 되겠네요. 그녀는 성형수술도 막 하고, 매일 설사제를 먹으며 다이어트한대요. 수단 방법 가리지 말고, 어쨌든 미인이 되는 것이 중요하니까요."

○○란, 당시 대 인기를 누리고 있던 미녀 배우이다. 이때 A씨는 좀 당혹한 표정을 지었던 기억이 있다. 그리고 2주 후, A씨와 그 여배우와의 열애 기사가 주간지에 실렸다. 정말 입이 화근이다. 내가 연예인에 대해 한마디하는 것이 일반 사람 백 마디보다 큰 파장을 불러오는데도, 아직 질리지도 않았는지 연신 입을 놀리고 있다.

여배우와의 열애설로 시끄럽더니, A씨는 어느 날 결혼을 했다. 연하의 미인이다. 상당히 말랐다. 팔 굵기가 내 반밖에 안 된다. 나는 왠지 걱정이 되었다.

A씨의 비서에게 말했다.

"부인이 너무 약해 보이지 않아요? 금방 쓰러질 것 같아요."

"A씨는 마른 여자가 아니면 안 된다고 해서, 부인도 많이 노력했어요. 그는 어쨌든 살찐 여자는 싫대요 부기만 해도 숨이 막히고, 머리도 둔하대요……."

내 앞에서 자꾸 싫은 소리를 지껄여댄다. 화가 나기보다 걱정이 앞섰다. 왜냐하면, 나는 A씨가 몹시 좋기 때문이다.

"그런데요, 그 기준이 친구에게도 적용될까요?"

조심스레 물었는데, 단번에 바보가 되고 말았다.

"허 참, 하야시 씨. 그건 어디까지나 성적 관심을 갖고 있는 사람 얘기죠."

아, 그래, 나쁜 사람 같으니!

그래서 나는 고민하고 있다. 화장실에 하루종일 들락거리더라도 살을 빼는 게 좋을까, 하는 것 때문이다. 그러던 어느 날, 한 장의 팩스가 도착했다. 국립병원에서 만든 비만환자를 위한 '특별 메뉴'라는 것이다. 몸 안에서 화학 반응을 일으키기 때문에, 삶은 계란과 스테이크를 먹어야 한다는 획기적인 내용이다.

다행히 단행본 〈미녀입문〉은 잘 나가고 있다. 나는 모두에게 약속하겠다. 〈미녀입문〉 2편은 '실천편'이라는 타이틀을 붙이겠다. 아름답고 날씬해진 내가 표지에 등장한다! 하지만, 이런 말을 미리 해도 괜찮을까.

'입이 화근'이라 지금 말해선 안 되겠다. 약속한다고 할까, 그, 뭐냐, 어쨌든 기대해주세요.

파리에서의 후회

베르사유 궁전의 파티에 참석한 나. 유럽 각지에서 모인 이브닝드레스의 미녀들을 원 없이 봤다. 역시 이브닝드레스는 백인이 가장 잘 어울린다는 사실을 새삼 깨달았다.

남성도 상당히 젊은 꽃미남들이 많은데, 어쩌면 국제적 로맨스가 생길지 모른다는 나의 꿈은 금세 깨지고 말았다. 왜냐하면, 99%는 커플이기 때문이다. 혼자 드레스 입고 어슬렁거리는 사람은, 나와 일본에서 함께 온 여성 기자뿐인지도 모른다.

커플이라는 것은 참 재미있다고 새삼 느꼈다. 미남에게는 미녀가 따라붙고, 부자처럼 보이는 남성에게는 역시 돈 많게 보이는 여성이 같이 다닌다. 부부 초청 파티이기 때문에 당연한 얘기겠지만, 유럽 사회에서는 배경이 다른 부부는 거의 볼 수 없다. 일본보다 확실히 계급사회이기 때문일지도 모른다.

유럽에는 돈에 의해 다듬어진 미녀가 있다. 젊은 사람은 좀처럼 지니기 어려운 관록을 가진 사람들. 부자 동네에 가면, 이런 멋진 마담이 금발을 틀어올리고, 검은색 정장에 버킨을 메고 쇼핑하는 모습을 볼 수 있다.

"아아, 버킨은 이런 사람들이 가지고 다녀야 하는군요. 정말 미안합니다. 실례했습니다."

하고 머리 숙여 사죄하고 싶어진다. 내 나이가 되어도 이렇게 생각하기 때문에, 20대의 젊은 여성이 갖고 다니는 것은 정말 안 어울린다.

그건 그렇고, 오랜만에 방문한 파리에서 역시 물욕의 화신이 되어버린 나. 먼저, 몽테뉴 거리의 프라다에 가서, 예쁜 핸드백과 가죽 롱코트를 샀다. 그리고 나서, 질 샌더로 향했는데, 사이즈의 아담함과 일본과 다름없는 비싼 가격에 즉시 퇴장. 하지만, 나는 옆 매장 셀린느의 쇼윈도에 비친 정말 정말 근사한 체크 스커트를 발견했다. 예쁘다, 멋있다. 셀린느는 정말 변했다.

젊은 독자들은 잘 모르겠지만, 그 옛날, 제1차 명품 붐이라는 것이 있었다. 내가 대학교에 다닐 무렵이다. 그 즈음, 셀린느 스커트를 입고, 구찌 벨트를 매고, 가디건을 체인으로 연결해 여미는 것이 약속처럼 되어 있었다.

그 이미지가 싫증나, 구찌의 키홀더나 셀린느의 스커트 같은 것을 선물로 받아도 '홍' 하고 한쪽으로 치워버렸지만, 지금은 그런 것을 기억하고 있는 사람도 적을 것이다. 구찌는 알다시피 가장 인기 있는 브랜드이며, 셀린느도 디자이너가 교체되면서 요즘 큰 인기를 얻고 있다. 새삼스레 시간의 흐름을 느끼며, 안으로 들어가 스커트와 수트를 구입했다. 내가 입어도 여기 스커트는 예쁘다.

그런데, 올 유행색은 빨강이다. 파리도 어디에나 빨강, 빨강, 빨강이 넘쳐나고 있다. 나는 백화점에 가서 빨간색 스웨터를 몇 장 샀다. 생각해보면, 작년 가을부터 겨울에 걸쳐, 거리는 온통 회색, 회색, 회색 일색이었다. 그때 산 스웨터, 재킷을 어떡하나 고민했더니,

"회색은 속에 입고, 올해의 빨간색은 겉에 입으면 되잖아."
하고 친구가 알려줬지만, 내가 본 파리의 쇼윈도는, 빨강을 전면에 내놓고 있다. 전신이 빨간색으로 코디네이트되어 있지만, 그것은 동양인에게는 좀 무리한 스타일이다.

자, 쇼핑으로 센스를 발휘했으니, 맛있는 것을 먹어보자. 파리에서 지금 가장 화제가 되고 있는 음식점은, 샹제리제 거리의 회전초밥집이다. 이곳은 멋쟁이들이 많이 드나든다고 해서 즉시 가보았다. 일본인 관광객은 한 사람도 없다. 모두 프랑스인이고, 거드름피우며 점심식사를 하고 있다.

기대 이하다. 굉장히 비싸고 맛도 없다. 물기 없는 새우와 흰살 생선이 2개에 35프랑이나 한다. 약 630엔 정도. 심하다, 심해, 하고 말하면서 결국 세 사람이 스무 접시 가까이 먹어치우고 나중에 후회했다.

파리는 맛있는 곳이 산더미처럼 많다. 그 중에 베트남 요리가 최고다. 야채를 듬뿍 먹을 수 있고, 와인에 곁들여도 좋다. 월남쌈 같은 대중적인 것도 좋지만, 생선찜 요리도 괜찮다. 밤에는 레스토랑에서

화려한 프랑스 요리.

　아침은 아침대로 갓 구운 크로와상에 카페오레 같은 호텔식 아침식사가 뭐라 말할 수 없을 정도로 맛있다. 버터도 잼도 일본 것과 전혀 다르다.

　이 시점에서 독자들은 누구나 생각할 것이다.

　'그럼, 다이어트는?'

　외국에 가면 치외법권이라는 느낌으로 모든 것을 용서해버리는 나. 많이 걷기, 일찍 일어나기 등등, 나만의 규칙을 10개 정도 정해놓았지만, 사흘째 되는 날에는 스커트 입기가 곤란해졌다.

　"인간의 몸이, 그렇게 금방 살이 찌지는 않아."

하고 함께 간 친구가 말했지만, 그런 사람은 비만에 시달려보지 않은 행복한 사람이다. 집에 돌아와 재보았더니 3.5㎏ 늘었다.

　아아, 파리. 즐거움의 도시여. 너에게 매료된 나를, 어찌 이리도 고통스럽게 하는가.

제3장 미녀입문, 실천에 들어가다

버킨에 열광하다

그렇지만 올해는
밀리터리는
유행하지 않아

파리의 즐거운 여행은 계속된다.

파리는 좋아하는 남자와 다녀도 멋지지만, 혼자 다니기에도 좋은 곳이다. 좁은 도시이기 때문에, 지하철 코스만 파악하면 어디든 갈 수 있다. 지하철을 타지 않아도, 지도를 한손에 들고 걷는 것도 또 하나의 재미다. 어디를 가든 화려한 시가지가 이어져 있고, 도처에 아름다운 교회와 상점들이 있다. 즉, 거리 전체가 구경거리인 셈이다.

피곤하면 카페 의자에 앉아 종업원에게 말한다.

"카페, 실 브 플레."

옛날에는 이런 노천 카페가 어색했지만, 지금은 도쿄의 곳곳에 생겼기 때문에 완전히 익숙해졌다.

어쨌든, 파리는 여행하기 쉬운 도시다. 내가 이 거리에 처음 온 것은 그 옛날 26년 전의 일이다. 영어를 사용하려고 하면 프랑스어로 맞받아치고, 물건을 만지기라도 하면 '농!' 하며 손을 탁 쳤다. 도무지 무서워서 나다닐 수가 없다. 결국에는 밖에 나가는 게 싫어져서, 호텔 방에서 책을 읽으며 시간을 보냈다.

그런데, 요즘은 어디를 가든 영어가 통한다. 상대도 영어가 서툴러 서로 어려운 말은 피하고, 알아듣기 쉬운 단어를 사용하기 때문에, 굿 커뮤니케이션.

또 점원들도 옛날에 비해 많이 친절해졌다. 동양 여자한테도 퉁명스럽지 않게 대하는 걸 보면 틀림없다. 격조를 자랑하는 어느 브랜드 매장에서도 일본인에 대해 예전 같은 실례의 행동은 보이지 않는다. 버블 시기에도 이렇게까지 하지는 않았다. 이것은 대체 어떻게 된 일일까 하고 나름대로 분석해보았다.

"그러니까 이런 거야."

나는 친구에게 말했다.

"그때는 여기가 불경기였고, 일본인도 멀게 느껴졌을 거야. 하지만, 그 시기에 우리가 매상에 지대한 공헌을 했잖아. 그걸 몸소 깨달은 거지. 아아, 뭐니뭐니해도 일본인은 소중한 고객이구나, 하고."

또 하나, 일본인이 변한 것도 들 수 있겠다.

내가 관찰한 바에 따르면, 파리에서 가장 눈에 띄는 것은 아가씨 둘이서 나란히 걸을 때이다. 이 체제가 가장 쇼핑하기 쉽기 때문일지도 모른다. 모두 멋지고 예쁘다. 매너도 좋은 사람이 많다.

무엇보다 보기에 예쁘기 때문에, 모두에게 호감을 얻기 쉽다. 하이킹하러 가는 차림의 아줌마 그룹보다 훨씬 눈이 즐겁다.

오늘은 산토노레 거리에서 쇼핑. 호텔에서 걸어서 왔더니 길도 헷갈리고, 몸도 지쳐 가는데 미술관이 나타났다. 귀족 박물관을 개장한 것 같다. 파리의 박물관은 거리 한가운데 있어, 차가 지나다니는 길가에 접한 사립문 같은 것을 열면, 굉장히 넓은 정원이 펼쳐진다. 마치 SF 같다. 여기 미술관에는 티 살롱이 있어서 즉시 들어갔다. 고블랭 직물로 된 벽걸이 아래에서 먹은 케이크와 홍차 덕분에 우아한 기분이 든 것은 좋았지만, 더이상 피곤해서 걸을 수가 없다. 택시를 타고 이제 에르메스 본점으로.

사실은 여기에 오기 전, 친한 스타일리스트에게 부탁받은 것이 있다.

"하야시 씨, 버킨 좀 사다주실래요? 하야시 씨라면 구할 수 있을 거예요."

그런데 일이 틀어졌다. 갈색 버킨이 한 개 남아 있다는 소식을 듣고 갔는데, 점원은 그새 팔렸다는 것이다.

"크로커다일이라면 있는데요."

말도 안 돼. 분명히 말하지만, 그렇게 비싼 것은 살 수 없어.

"여기에 오시는 일본인은 전부 버킨만 주문하세요."

점원도 놀란 모양이다.

나는 최근 일본인의 버킨 열풍을 잘 이해하지 못하겠다. 〈25ans〉이나 〈클래시〉를 애독하는 사람은 이해할 수 있을 것이다. 하지만, 〈앙앙〉의 독자처럼 센스와 반골정신이 있고, 돈 많은 아저씨들이 좋아하는 패션을 진심으로 경멸하는 사람, 평소 아방가르드 식 차림을 하고 다니는 사람까지, 모두 버킨을 원한다.

그들은 바지와 스웨터 차림에 버킨을 메면 잘 어울린다고 말한다. 일본에서 사면 60만 엔이나 하는 가방이다. 멋내다가 재산을 다 날릴 셈인가.

앞으로 일본인 여성과 이 버킨의 관계에 대해, 좀더 심도 있게 연구해볼 생각이다.

그러고 보니 한 가지 떠오르는 일이 있다. 3년 전에 여기에 왔을 때, 나는 가죽 재킷을 주문했다. 하지만, 지금까지 한번밖에 입지 않았다. 그래, 에르메스에서 샀다는 데 만족하자, 하고 생각하기로 했다. 명품이란 이런 것인가 보다.

침대는 기억하고 있다

이것이, 수많은 추억을 만든 침대다!

내 친구가 전보다 조금 넓은 맨션으로 이사를 했다. 나는 아직 가보지 않았지만, 알프렉스 더블 침대를 샀다고 한다.

"혼자 살면서 더블이 뭐가 필요해?"

나는 심술궂게 물었다.

"전에 살던 맨션에서도 세미더블이었는데, 정작 중요할 때 별 도움이 안 되더라구."

그녀는 약간 화가 난 듯한 목소리로 대답했다.

"언제 무슨 일이 생겨도 상관없도록, 근사한 더블침대를 준비해두는 것은 독신녀의 즐거움이지."

미국 영화를 보면 늘 생각하는 것이, 혼자 사는 여자라도 꼭 더블 침대에 베개가 두 개 놓여 있다는 것이다. 그것도 매일 아침 침대보를 갈아 끼운다. 그러니까, 느닷없이 무슨 일이 일어나도 괜찮다. 그이가 갑자기 하룻밤 묵어도, 아침까지 기분 좋게 잘 수 있다.

그에 비하면, 일본 여성은 주택 사정이 나쁘기 때문에, 더블침대를 들여놓기가 좀처럼 쉽지가 않다. 원룸이나 아파트에 싱글 침대를 들여놓고, 거기에 커버를 씌워 소파 대용으로 사용하는 게 다반사다.

그래도 센스 있는 아가씨는 열심히 연구해, 이 커버나 쿠션의 색을 카펫에 맞추거나, 혹은 고풍스러운 분위기를 연출하기도 한다.

좀 지낸 연인이라면 소파가 느닷없이 침대로 바뀌어도 큰 지장은 없지만, 곤란한 것은 연인 후보인 그와 처음으로 거사를(?) 치르는 밤이다. 미국 여자라면, 키스를 하면서 방으로 들어가 침대로 쓰러진다. 그리고 다음 단계로 자연스럽게 흘러간다. 하지만, 일본 여자의 경우는 보통 일이 아니다. 소파인 척하며 둘이서 나란히 앉아 있다가, 갑자기 침대로 바뀌니 분위기가 이상해진다. 분위기야 그렇다 쳐도 더 난감한 것은, 이번에는 다급하게 커버를 벗기고, 쿠션이랑 인형을 치워야 한다는 것이다.

나는 옛날부터 두 가지를 동경하고 있었다. 그것은 다리 달린 욕조와, 덮개 달린 침대이다. 어른이 되어 집을 짓게 되면, 이 두 가지는 반드시 들여놓겠다고 굳게 결심했었다. 하지만, 다리 달린 욕조는 유럽의 호텔에 묵을 때마다 사용해봤지만, 상당히 불편하다는 걸 깨달았다. 청소하기가 힘들고, 일본식으로 머리카락이나 몸을 쫙 씻어내리기 어렵다.

최근 파리에 갔을 때 곧바로 샹파뉴 지방에 들렀는데, 어느 와인 제조업체가 운영하는 농장 호텔에 묵게 되었다. 이곳 욕실에는 꽃무늬 융단이 깔려 있고, 그 위에 다리 달린 욕조가 놓여 있다. 바닥에 조금이라도 물이 튈까봐 신경을 곤두세워야 했다. 역시 그것은 나와는 거리가 먼 것 같다.

또 하나, 덮개 달린 침대. 오래 전, 싱가포르의 래플스호텔의 명물인 서머셋 모음 스위트룸에 처음으로 묵었을 때, 정말 감동했다. 천장 높이의 덮개가 달린 침대는, 멋진 레이스에 웅장한 느낌마저 들었다. 그날 밤은 참 좋았다. 밤의 어둠이 완전히 다르게 보였다. 게다가 투명한 커튼 사이로 비치는 조명이 어찌 싫을 수가 있으랴.

리조트호텔은 그야말로 공상을 불러일으킨다. 나는 집에 돌아와 열심히 그것을 재현하려고 했다. 하얀색 세미더블 침대를 사서, 모서리 네 군데에 통신판매에서 구입한 걸이를 끼웠다. 이 걸이에 레이스 커튼을 연결해 드리웠는데, 친구들은 전부 이상하다고 말했다. 이걸로 남자를 낚으려고 했지만, 남자가 걸려들기 전에, 기르던 고양이가 레이스를 발톱으로 찢어놓아 그냥 버릴 수밖에 없었다.

그후에는 허리에 좋다는 물침대로 바꿨다. 그때, 함께 사러 간 여자친구에게,

"그런데, 물침대 말이야, 그거 할 때 막 흔들릴 텐데 괜찮을까?"
하고 물었더니,

"그러—엄, 괜찮아, 오호호."
하고 그녀는 소리 높여 웃었다.

"그저께도 집에 있는 물침대 위에서 했는데, 전혀 아무렇지도 않더라."

순진한 줄 알았는데, 의외의 대답에 깜짝 놀랐던 기억이 있다. 그 물침대도 이사할 때 처분하고, 지금 내가 사용하고 있는 것은 독일제 침대. 옛날에 산 핑크 린넨 커버와 전혀 어울리지 않아, 산뜻한 하얀 색 코튼 커버로 바꾸려고 생각중이다.

그런데 남자친구에게 이런 말을 들은 적이 있다. 돈 많은 노처녀 커리어우먼의 집에서 침실로 이동하는 과정보다, 원룸에서 사는 여자의 침대에서, 쿠션과 인형을 치워가며 하는 쪽이 훨씬 짜릿하다는 것이다.

침대 하나만으로도 여자의 소망과 꿈 등 여러 가지를 볼 수 있다. 앞으로 영화를 볼 때, 여주인공의 침대를 유심히 보도록. 미국 여자의 침대는, 뭐랄까, 섹스를 일상적으로 즐기려는 적극적인 생각이 넘쳐난다는 것을 알 수 있다.

인기 있는 여자는 빛을 이용한다

가을도 깊어졌다. 올 가을은 정말, 날씬하고 패셔너블한 여성이 되고 싶다고 생각해온 나.

가을에는 강력한 내 편이 있다. 파리에서 산 최신 유행 옷들이 그득하다. 또, 프라다와 셀린느에서 산 수트와 스웨터가 준비되어 있다. 특히 마음에 드는 것은, 셀린느의 트위드 수트. 언뜻 보기엔 보통 수트와 다름없지만, 목 주위가 복고풍 디자인이라 매우 멋스럽다. 어디에 입고 나가든 칭찬받는다.

한번 좋아지면 그것만 입는 것이 나의 나쁜 습관이다. 그날밤 나는, 유명한 프랑스 식당에서 지녁 약속이 있었다. 큰 서백 사제를 초호화판 레스토랑으로 꾸며놓았는데, 정말 근사한 곳이다.

점심에 볼일이 있었기 때문에, 그 트위드 수트를 그대로 입고 레스토랑으로 직행했다. 검은색 유니폼을 입은 남자에게 안내되어 들어가던 나는 순간 멈칫했다. 트위드 차림으로 온 것은 분명 실수였다.

아무리 셀린느 수트에 에르메스 켈리를 들었어도, 트위드라는 옷 자체가 낮에나 어울리는 옷이다. 멋쟁이 여자친구 한 명은 하얀색 실크 울 수트를 입고 왔다. 샹들리에 조명이 반사되어 매우 화려해 보였다. 나는 '기죽는다'고 생각되어, 식사중에도 마음이 편치 않았다. 남자 중 한 사람은 정장, 또 한 사람은 나비 넥타이에 꽤 말끔한 차림이었기 때문에, 더더욱 입장이 난처해졌다.

얼마 전까지만 해도, 너무 형식적인 차림은 창피하다고 여겼던 나. 그래서 오페라를 보러 가든지 파티에 가든지, 약간 캐주얼 분위기가 나는 차림이 훨씬 예쁘다고 생각했다.

하지만, 그것은 대단한 착각이었다는 것을 최근 깨달았다. 그것은 장소의 문제라기보다 빛의 문제이다. 밤, 웬만한 장소면 어디든 조명이 비친다. 샹들리에가 아니더라도, 화려한 빛을 받게 된다. 트위드나 코튼 같은 소재는 빛 아래에서 매우 초라해 보인다. 반면, 실크의 광택은 조명을 받으면 여성을 매우 아름다워 보이게 한다.

옆 테이블에는 아름다운 두 여자가, 야회복 차림으로 앉아 있었다. 모델인가 싶을 정도로 예뻤는데, 남자 없이 친구의 생일 축하 파티를 하는 것 같았다. 이런 미인들이 화려하게 입고 앉아, 게다가 여자끼리만 있다는 것은, 최고의 친절을 유도하게 만드는 것이다. 종업원들이 생일 케이크를 나르며 축하의 메시지를 보냈다.

물론, 이런 호화로운 레스토랑에서도 평범한 차림으로 온 사람이 꽤 있다. 또한, 회사에서 곧바로 온 듯한 정장 차림의 여성들도 많았다. 하지만, 그런 여성들이 야회복 차림의 여성에 비해 좀 초라해 보이는 건 사실이다. 지금은, 그런 시대이다.

그리고 다음날은 파크 하얏트 호텔에서 콘서트가 있었다. 유명한 소프라노 가수가 일본을 방문하여, 고작 수십 명의 관객을 위해 노래하는 것이다. 칵테일 파티도 있다.

전날밤의 실패를 되풀이하지 않으려고, 나는 옷장 안에서 무조건 '빛나는 옷'을 찾았다. 얼마 전 바겐세일 때 산 다나 캐런의 검은색 스커트. 이것은 실크 소재의 긴 스커트이다. 안에 솜이 들어가 있어 풍성한 느낌이 든다. 여기에 벨벳 티셔츠를 입고, 4년 전에 산 검은색 라메 카디건을 걸쳤다. 그리고, 라메 숄에 펜디의 검은색 라메 핸드백을 들고, 전신이 번쩍번쩍 빛나도록 코디네이트해 보았다.

나는 보석을 거의 지니지 않지만, 옛날에 남편에게 선물받은 반지를 끼기로 했다. 이것은 반 클리프의 매우 심플한 다이아 반지다.

나는 요즘, 조명에 대해 깊게 생각한다. 왜냐하면, 여자의 얼굴을 예뻐 보이게 하는가, 미워 보이게 하는가 하는 것도 조명에 달려 있는 경우가 많기 때문이다. 내가 자주 가는 아오야마의 이탈리안 레스토랑은, 손님을 잘 고려하여, 위에서 비추는 조명을 일단 흰색 천으로 가렸다. 사장에게 물었더니,

"저희 집을 데이트로 이용하는 손님이 많기 때문에, 조명을 많이 연구했습니다."

하는 것이었다. 얼마 전 여자친구와 둘이서 마주보고 앉았는데,

"나 어떻게 보여?"

하고 묻고 싶을 정도로 친구의 얼굴이 미인으로 보이는 것이다.

하지만, 방심은 금물. 이 레스토랑은 1층이라 상관없지만, 엘리베이터를 이용하는 레스토랑이라면, 그때까지의 좋았던 분위기가 엘리베이터 안에서 확 깨질 수도 있다. 창백한 형광등 아래에서, 식사 후 화장이 좀 지워진 얼굴을 보이면 그걸로 끝장이다.

옛날에 데이트에 이용했던 고급 레스토랑 '마낭'에서는, 엘리베이터 안에 작은 핀라이트 하나만 설치해, 연인들이 자연스럽게 키스할 수 있도록 설계해놓았다.

그렇다, 머리 좋은 여자는 빛을 조절한다. 밤에는 빛을 발하는 물건을 총동원시키고, 엘리베이터의 조명에도 신경을 쓴다. 역사는 낮이 아니라 밤에 이루어지는 법. 화이팅!

온천에서 돋보이는 여자

조심성 많은 나..

　모두 온천에 놀러 갔다. 남자친구도 함께였다. 이곳은 온천 중에서도 특히 인기가 좋으며, 커다란 혼욕 노천탕이 있다.
　"다같이 들어가서, 그 안에서 술 마시고 얘기하면 재밌겠지?"
하며 친구가 꼬드겼다.
　"아~아."
　나는 한숨을 쉬었다.
　"그래도 1년 전에는 나름대로 자신이 있었는데, 이제 남한테 보여줄 수가 없어……."
　앞으로 사랑을 한다고 해도, 이제 플라토닉러브밖에 할 수 없다고 마음먹은 나. 아무리 친한 친구끼리 간다고 해도 혼욕은 좀…… 일행 중에는 내가 좀 마음에 두고 있는 건축가 A씨도 있지 않은가. 이상한 모습을 보여 그에게 미움을 사고 싶지는 않다. 아, 혼란스럽다.

"괜찮아, 괜찮아."

이 온천을 소개한 다른 남자친구가 말했다.

"여기는 조명이 하나밖에 없어서 물 속이 흐릿하게 보이거든. 들어갈 때 목욕 타월로 몸을 감싸고 들어가면 돼. 그렇게 하면 아무도 못 봐."

처음에는 여자끼리만 들어갔는데, 확실히 어둑한 세계였다. 온천은 우윳빛처럼 허여멀건해서, 이 정도면 아무도 볼 수 없겠다 싶은 생각이 들었다. 이런 산 속에 와서까지 보여줄까 말까 걱정해야 하니, 좀 한심한 생각도 든다.

스키장에 가면 남자의 순위가 바뀌듯이, 온천에 가면 여자의 순위가 바뀌기도 한다. 평소에 볼 때는 주름이 자글자글한 별볼일 없던 여자가, 온천에 가서 보니 몸짱이었다거나, 목욕 가운 입은 모습이 섹시했다거나, 맨얼굴이 예뻤다거나 하는 말들이 들려온다.

대학생 때, 친구와 여행을 갔는데, 아침에 내 얼굴을 보고 감탄한 남자가 있었다.

"마리, 피부가 상당히 깨끗하네……."

그래, 화장을 하기 전의 나의 피부, 20세 당시는 하얗고 유난히 맑았다. 뭐, 그렇다고 무슨 일이 생긴 것은 아니지만, 어쨌든 온천에 간다는 것은 여자의 아름다운 면을 보여줄 수 있는 좋은 기회다.

드디어 남자들이 술을 가지고 욕조에 들어왔다. 안에서 맥주와 전통주를 마시며 매우 즐거운 시간을 보냈다. 하지만, 깜짝 놀랄 일이 생겼다. 이번에 처음으로 만난 B씨가, 바위에 놓아둔 맥주를 집으려고 손을 뻗을 때마다 상반신을 물 위로 드러내는 것이다. 가슴이 보여 눈을 어디에다 두어야 할지 난감했다. 꽤 큰 가슴이 출렁출렁 흔들렸다. 아무리 예의 차릴 것 없는 혼욕이라고 해도, 여기까지 보여주는 건 어째 좀 그렇다. 아니 아니, 모두가 벗고 즐기는 장소인데, 나처럼 딱딱하게 구는 것이 더 이상할지 모른다, 고 반성했다.

B씨는 가슴도 크고, 허리도 잘록하다. 상당히 요염한 얼굴이고, 긴 목도 매우 섹시하다. 그래, 이런 사람이니까 이렇게 천진난만한 행동을 하지. 나는, 안 된다. 콤플렉스를 이런 상황에서 드러낼 수는 없다······.

A씨가 다가와 말한다.

"하야시 씨, 정말 조심성 있군요."

이런 경우, 결코 칭찬의 말이 아니란 걸 안다. 나는 옆에 놓아둔 목욕 타월을 두르고 탕을 재빨리 빠져나왔다.

그리고 그후 열린 연회에서 나는 도중에 잠들어버렸지만, 다른 사람들은 또 노천탕에 들어갔다. B씨도 다른 젊은 여자들도 곤드레만드레 취했는데, 남자들 하는 얘기를 들으니,

"탕 가장자리에 걸터앉아, 아슬아슬했어."

라고 한다.

그리고 다음날, 외외의 사실이 판명되었다. 세상에, 그 섹시한 B씨는 나보다 연상이었다! 남자 중 한 사람이 말한다.

"그 가슴은 말이야, 에스테에 가서 상당히 노력한 모양이야. 대단한 공덕이지."

내가 이 이야기를 테츠오에게 했더니, 갑자기 화를 내는 것이다.

"치, 그 나이에 그렇게 보여주고 싶을까. 도대체 정신 상태가 문제야."

"그렇지만, 몸매가 상당히 좋더라. 그 정도면 보여주어도 괜찮지. 나야 내 주제를 아니까, 탕 속에서 어깨만 삐죽이 드러내고 있었지만……."

"당연하지. 그런 게 매너라는 거지."

남편도 화를 냈다.

"그런 데를 뭣하러 가!"

나는 몹시 슬펐다.

멋진 몸매를 빌릴 수만 있다면…

어느 여성지의 인터뷰를 받았다.

"저희 잡지에서, '나이 들수록 점점 아름다워지는 사람'이라는 타이틀로 특집기사를 낼 예정입니다. 앙케트를 했더니, 모모이 가오리 씨, 후부키 준 씨, 구로키 히토미 씨와 함께 하야시 씨의 이름도 순위에 들었습니다……."

나는 너무 기뻐 눈물이 나올 뻔했다. 그래, 세상 사람들도 알아주는구나. 여기까지 오는데 얼마나 길고 험난한 길을 걸어야 했던가, 크크……(눈물).

"있잖아요, ○○씨 말이에요. 그녀가 데뷔했을 때, 여성 문인 중에 미인이 나타났다고 얼마나 떠들썩했는데요. 그때까지만 해도 여성 문인들은 얼굴이 별볼일 없었거든요. 이 업계에서 그녀를 떠받들다시피 했다니까요. 이거, 뭐, 내 자랑 같지만, 요즘 TV에 나오는 그녀를 보면 완전히 아줌마지 뭐예요. 의상도 형편없고."

"그럼, 하야시 씨는 TV를 보면서 '이겼다'고 생각했겠네요."
하며, 심술궂게 공격하는 여성 편집자. 아무리 그래도 그렇지, 말을 그런 식으로 하면 안 되지.

"그런 게 아니라, 좀 놀랐을 뿐이에요."
되도록 좋게 말하려는 내 옆에서, 카메라맨이 찰칵찰칵 셔터를 눌러댄다. 그리고 폴라로이드 사진이 줄줄이 찍혀 나온다.

뭐야, 이거. 얼굴이 부어서 꼭 아줌마 얼굴 같잖아. 올해 산 셀린느 스커트를 입었는데, 체크 무늬가 예상을 빗나가 너무 뚱뚱해 보인다.

지난주, 온천에 놀러가서 그야말로 먹고 마시고, 마시고 먹는 생활을 보냈다. 그 부작용은 턱 살이 되어 나타났다. 안돼! 이런 사진을 내보내면,

"여자는 역시 가꿔야 해요."
라고 주장해오던 나는, 세상의 조롱거리가 될 것이다. 나는 완전히 기가 죽고 말았다.

대체 나는, 왜 그리 금방 살이 찌는가. 대체 왜 이리도 의지가 약할까……. 독자 여러분도 이제는 살이 쪘다, 빠졌다 하는 얘기는 듣기 지겨울 것이다.

하지만, 나는 말하고 싶다. 여자의 정신력과 비만은 단단하게 연결되어 있다는 것을. 최근에 남자와 데이트를 했다. 평소부터 마음에 두고 있던 사람이다. 식사 후, 바에 갔다. 옆에서 남자를 바라볼 수

있는 기회다. 이 위치는, 군살이 붙었는지 안 붙었는지를 금방 알아챌 수 있다. 뱃살이나 등살의 정도, 턱의 윤곽을 일목요연하게 관찰할 수 있다. 요즘 살이 찐 나는 남자의 시선을 받는 것이 민망스러워, 중간에 마음이 들썽들썽해졌다. 다른 곳에서 차 한잔 하자고 그가 붙잡았지만, 서둘러 집으로 돌아왔다. 바의 높은 의자는 연애의 온상이다. 거기에서 수많은 남녀의 멋진 관계가 탄생하는데, 나는 이제 안 된다……

"○○씨의 스케줄이 비었대. 다음주에 어때?"

○○씨란, 내가 줄곧 동경해오던 핸섬한 남성이다. 오랜만에 만날 기회가 생긴 것이다. 내 여자친구가 우연히 그와 함께 일하게 되어서, 우선은 셋이서 식사라도 하자는 얘기가 나온 모양이다.

"그게, 좀 곤란해."

나는 거의 울 뻔했다.

"지금, 다이어트중이거든. 조금 더 있다가 만나면 안 될까?"

정말 괴롭다. 그저께, 남자친구와 술을 마시다가 2차로 다른 술집에 가게 되었다. 도착해서 보니, 가와시마 나오미 씨가 와인을 마시고 있었다. 내 친구와 만나기로 한 것이다.

믿기지 않을 만큼 날씬한 나오미. 초겨울인데도 어깨를 드러낸 미니 스커트 원피스를 입고 있었다. 내 남자친구는 그녀의 옆에 앉아, 틈틈이 어깨를 부딪치며 얘기를 나눴다. 알겠다, 그 기분. 어깨의 사이즈도, 작은 머리도 남자의 팔을 기다리고 있는 것이다. 여자는 역시 이래야 한다. 나는 나오미 씨에게 물었다.

"최근에 쓴 〈풀 바디〉라는 책 속에, 와인을 마셔서 살이 쪘다는 말은 듣고 싶지 않다. 와인을 마시는 날은 아침부터 스포츠클럽에 가고, 아무것도 먹지 않는다, 라고 썼던데, 정말이에요?"

나의 무례한 질문에도, 나오미 씨는 흔쾌히 대답해주었다.

"네, 맞아요. 오늘 처음으로 입에 댄 것이 이 와인이에요."

밤 10시였다. 나는 그후, 종업원이 가져온 치즈를 우걱우걱 먹고, 다른 사람이 남긴 와인까지 다 마시고, 마지막으로 라면까지 먹었다. 내 얼굴은 점점 부어, 눈이 가늘어질 정도가 되었다.

이 정도면 내 정신상태는 최악이다. 남자는 다이어트에 목숨 거는 여자를 어리석다고 생각하지만, 여자로선 당연하지 않은가. 뚱뚱해지면 사랑하는 마음도 사라지고, 하루하루 사는 게 즐겁지 않다. 아아, 나오미 씨의 몸을 딱 사흘만 빌릴 수 있다면. 그러면, 여러 가지 즐거운 일을 경험하여, 내 인생도 변할 수 있을 텐데.

나의 몸이 목적인가

섹스는,
적당히 괴롭고,
몹시 즐겁다

이것이 나의 철칙

최근 〈앙앙〉의 '섹스 특집', 정말 볼 만했다.

에스미 마키코 씨의 누드는 매우 아름다워, 이런 사람이 제멋대로 살려는 정신을 가지고 있다면, 세상은 그야말로 혼란에 빠지겠구나 하는 느낌이 들었다. 음ㅡ, 부럽다. 이런 여자는 연애에 관해서 한번도 고통스럽게 생각하지 않았을 것이다.

나는 또, 특집호의 독자 의견을 샅샅이 훑어보았다. 그리고 깨달은 사실이 있다. 지금 세상은 생각했던 것 이상으로 양 극단으로 나뉘고 있다는 것이다. 잘 나가는 여자들은, 나는 애첩기질이 있다, 나는 공원 같은 데서 남들이 쳐다보면 더 과감하게 애정표현을 한다, 라고 거리낌 없이 말한다. 남자와 사귈 때는 속궁합이 제일 중요하기 때문에, 연애는 섹스부터 시작하는 게 당연하다는 의견도 있다. 그와 반대로, 보수적인 여자는 누가 뭐래도 보수 지향적이다. 섹스부터 시작하는 연애는 말도 안 된다, 고 생각하는 사람도 많다.

이런 여자에게 있어서, 연애와 섹스는 따로 분리된 것이 아니다. 만날 때마다 그에게 섹스를 요구받으면,

"내 몸이 목적이구나."

하고 의심의 눈초리로 쳐다본다. 그래서 남자가 몸에 손끝 하나 대지 않으면,

"이제 내가 싫증난 거지?"

하며 슬퍼한다. 섹스는 몸을 이용하는 즐거운 게임이라고 구분짓는 사람은 도저히 이해할 수 없을 만큼 괴로움에 몸부림친다. 옛날의 나도 그랬지만, 자신 없는 여자일수록 남자에 대해 의심이 많다. 그리고 이상하게도 타산적이 된다. 연인 사이가 되었다, 자연스럽게 몇 번 섹스를 한다. 남자를 좋아한다면 그것만으로 만족하면 되는데, 자꾸 불만을 갖는 것도 이런 여자들의 특징이다. 즉,

'이렇게 몇 번이나, 아무 거부 없이 해주는데, 도대체 왜 보답이 없는 거야.' 하고 생각한다.

인기 있는 여자, 자신 있는 여자는, 어떤 일을 하든간에 자신의 섹스에 대해 보답을 바라지 않는다. 내가 아는 매스컴 관련(출판사는 아님) 일을 하는 어느 여성은, 매우 귀여운 미인이며 인기도 좋다. 같은 회사 안에서 끊임없이 스캔들을 일으킨다고 한다. 나는 그녀에게 충고한 적이 있다.

"한 업종에서 한 남자와 스캔들 나는 게 원칙인데, 하물며 한 회사라니, 너무한 거 아니에요?"

같이 앉아 있던 사람이 말했다.

"회사 엘리베이터가 멈추고 당신이 타면, 그 안에 반드시 과거에 같이 잤던 남자가 타고 있다는 소문이 있던데……."

그녀는 키득키득 웃으며,

"그렇지 않아요. 3대 멈췄을 때 그 중 한 대에 탔다면 모를까."

천연덕스럽게 말하는 그녀에게 나는 할말을 잃고 말았다. 대단한 매력과 자신감이 없다면, 이렇게 말할 수 없다.

대다수의 서민 수준의 여자들은, 섹스의 쾌락이란 것이 혼자 즐기며 만족할 수 없는 것이기 때문에, 몹시 성가시게 여긴다.

남자와 헤어진 직후, 이렇게 말하는 여자가 실로 많다.

"나와 실컷 즐긴 주제에."

이것은 심한 예지만, 그가 잘 안아주지 않는다고 불평하는 친구가 있었다. 그녀가 갖은 방법을 다 동원해 그를 침대로 유인했을 때, 여자친구들 모두가 축복해주었다.

"잘했어ㅡ, 호모가 아니었구나."

그녀가 말하기를, 상대 남성은 여자 경험이 별로 없어서,

"곧바로 나의 매력에 녹아났어."

하며 자랑이 끊이질 않았다. 그런데 반년도 되지 않아, 그와 헤어졌다는 소식을 들고 왔다. 그렇다면 그녀, 친구들에게 뭐라고 말했을까?

"그렇게 내 몸을 가지고 논 주제에. 알고 봤더니 결혼 빙자 사기였어. 나는 그 남자의 부모와 회사에 전부 말해버릴 거야!"

우리는 벌어진 입을 다물지 못했다.

극단적인 얘기였지만, 여자에게 있어서 남자의 섹스 요구는 매우 기쁜 일이다. 하지만 이 기쁨이 거듭되면, 오만한 불안감이 고개를 들기 때문에 힘든 것이다.

"나는, 상대가 원하면 곧바로 할 수 있는 쉬운 여자가 아니야."

이런 여자가 세상에서 없어지지 않는 한, 역시 결혼이라는 제한도 없어지지 않을 것이다. 여자 특유의,

"나는 원하는 대로 해주었는데, 손해본 것 같아."

라는 뻔뻔스러운 논리는, 청혼을 받자마자 순식간에 그 의미가 사라져버리는 것과 마찬가지다.

하지만, 결혼과 동시에 또 새로운 고민이 시작된다. 왜냐하면 결혼이라는 것은 에로스에서 상당히 멀어진 것이기 때문이다. 신혼 때는 다르지만, 보통 부부는 섹스를 그다지 자주하지 않는다. 연인이었던 남자는 파자마 차림에 부석부석한 머리, 게다가 아무 때나 방귀를 뀐다. 수시로 아내를 안아주거나 하지 않는다. 여기에서 많은 여자들이,

'결혼이란 이런 거구나.'

하고 몸부림치며 괴로워하는 것이다. 결혼을 한번 경험한 현명한 여자는, 쉽게 재혼하지 않는다.

어쨌든 연애와 섹스라는 문제는 정말 어렵고, 고민거리를 끊임없이 던져주는 것이다. 고민스럽고 고통스러우면서도, 진한 행복에 물들이기 때문에, 그 수렁에서 빠져나오기가 어렵다. '몸이 목적이다' 라고 의심하기보다, '나의 몸은 남자가 노릴 만큼 근사하다'고 자신감을 갖는다. 어쨌든 적극적으로 살 수밖에 없는 것이다.

브랜드의 마법에 걸리다

얼마 전 회색 롱스커트를 샀다. 어떤 상의를 입어도 어울리는 편리한 것이다. 파리에서 산 새빨간 반소매 니트와도 잘 어울린다.

최근 나는 거들을 입고 다닌다. 길고 몸을 꽉 조이는 것이다. 얼마 전까지만 해도, 아무리 살이 쪄도 거들을 필요로 하지는 않았는데, 체형이 변한 것은 순식간…… 고기가 원망스러워…….

어느 날 나는 그 거들을 입고, 회색 롱스커트를 입었다. 이 스커트는 뒤트임이 멋지다. 스커트는 발목까지 오는 길이인데, 뒷부분이 허벅지의 반 정도까지 트였다. 나는 집을 나서기 전에 괜찮다고 판단했지만, 지하철 계단을 오르면서 문득 깨달았다. 뒤에서 킥킥 웃는 소리가 들리는 것이 아닌가. 그렇다, 뒤트임을 통해 거들이 보였던 것이다.

지금까지 스커트의 트인 부분으로 슬립이나 거들을 보이는 것은 멍청한 아줌마뿐이라고 생각했었는데, 내가 똑같은 짓을 하고 만 것이다. 아아, 창피하다.

하지만 사실 이것은 흔히 있는 일이다. 나는 칠칠치 못한 성격인데다 시력까지 좋지 않다. 최근까지는 근시였는데, 요즘은 나이 탓인가 노안(老眼)까지 겹친 듯하다. 나는 집을 나올 때, 절대로 검은색 타이츠라고 생각했다. 그런데 밖에 나와서 보니, 군청색 타이즈였다. 이런 일이 종종 있다.

검은색 니트는 고양이털이 붙으면 보기 흉하다고 사람들은 말한다. 하지만, 여기에 관해서는 정색을 하는 나.

"클리닝 봉투에서 막 꺼낸 스웨터에 고양이털이 붙어 있다면, 이것은 더 이상 불가항력이다."

생각해보면 어려서부터 이런 실수는 종종 해왔다. 고등학생 때, 코트를 벗었는데, 교복 치마를 입지 않은 적이 있었다. 이것보다 더 심한 예로(다른 사람이 보면 경악할 일), 어느 겨울 아침, 스커트 속이 뭔가 퍼석퍼석한 느낌이 들어 들춰보았더니, 세상에, 파자마를 그대로 입고 있었다.

그렇다, 뚱뚱한 데다 실수도 많았다. 자랑거리는 아니지만, 스커트의 호크를 꽉 잠글 가능성은 50% 이하라고 해도 좋을 것이다. 대부분의 스커트는 허리가 꽉 끼기 때문에, 호크를 아예 떼어버린다. 가끔 살이 빠지거나, 몸에 잘 맞는 사이즈를 구해, 호크 잠글 위치를 확보했다 해도, 이상하게 자학적인 기분이 들고 만다. 이런 기분은 느껴보지 못한 사람은 알 수 없을 것이다. 즉, 호크를 잠글 수 있다는 것은 무척이나 기쁜 일인데, 그것을 따르자니 행복이 달아나는 기분이 드는 것이다.

'나는 호크를 꽉 잠글 수 있지만, 일부러 그렇게 하지 않는 여유'를 맛보려는 것이다.

뚱뚱한 사람이 칠칠치 못한 인상을 주는 것은, 반드시 체형 탓만은 아니다. 그것은 분명 옷이 몸에 맞지 않기 때문일 것이다.

나는 얼마 전, 몸에 맞지 않는 옷이 얼마나 인간을 궁상맞아 보이게 하는지 몸소 느낀 일이 있다. 휴가차 시골에 갔을 때의 일이다. 먼 친척이 상을 당해, 아버지 대신 장례식에 참석하게 되었다. 하지만, 갑작스레 생긴 일이라, 나는 도쿄에서 상복을 준비해오지 못했다. 어쩔 수 없이 근처에 사는 사촌언니의 옷을 빌려 입었다. 사촌언니는 나보다 열다섯 살 연상이고, 나보다 더 뚱뚱한 체형이다. 보풀이 잔뜩 일어난 브랜드 없는 검은색 상복을 입은 나를 보고, 사촌언니는 놀란 듯이 말했다.

"이렇게 입으니, 너, 진짜로 시골 아낙네 같아."

나도 거울을 보고 정말 그렇게 생각했다. 사이즈도 취향도 전혀 맞지 않는 옷을 입은 나는, 상당히 짜증스런 얼굴을 하고 있어서 다섯 살은 더 많아 보였다. 조금 전까지 질 샌더의 바지를 입었던 나와는 완전히 다른 사람이었다.

나는 노력하고 있다고 생각했다. 세상에는 브랜드 제품을 나쁘게 말하는 사람도 많지만, 브랜드란, 돈을 내고 마법에 걸리는 것과 같다. 옷에 사랑과 존경을 쏟는 데 대한 보상으로, 밑으로 떨어지려는 이미지를 위로 끌어 올려준다.

그러니까, 그 검은색 옷을 입은 나는, 정말 그냥 시골 아낙네로서 사람들 속에 섞여, 동창생도 친지도 누구 하나 나를 알아보지 못했다.

역시 나에게 맞는 멋진 옷을 입자, 그리고 실수를 하지 말자고 결심했다.

최근, 금년의 파리 컬렉션에 갔던 편집자와 스타일리스트들이 돌아왔다.

"올해는 어디가 제일 괜찮았어요?"

하고 물었더니, 다들 입을 모아 '발만'이라고 말한다. 어라, 내가 모르는 사이에 또 디자이너가 바뀐 모양이다. 하지만, 나는 아직 발만을 입어보지 않았다. 즉시 매장에 가서 리서치하기로 했다.

"그렇지만 하야시 씨, 거기는 사이즈가 좀 작을 텐데요."

음, 또 호크를 잠그지 않고 입어야 하는가. 좋은 옷을 입더라도, 칠칠치 못하게 보이고 싶지는 않다. 나는 늘 이런 모순에 고민하고 있다.

추녀와 노환은 전염된답니다

얼마 전, 심포지엄 때문에 가고시마에 갔다. 밤에는 지역민들과 교류하는 연회가 열렸다. 가고시마에는 좋은 사람들이 많아, 나한테 구운 과자와 먹을 것들을 잔뜩 가져다 주었다. 내가 지역 여성들과 이런저런 이야기를 나누고 있었는데, 그중 한 사람이 이런 것을 가르쳐 주었다.

"하야시 씨, 가고시마에서 지금 화제가 되고 있는 화장품이 있어요. 사쿠라시마의 석회암으로 만든 비누인데, '킹고 킹고'라고 해요. 이걸로 얼굴을 씻으면, 굉장히 하얘져요."

그때는 참 희한한 이름이라고 생각하며 듣고 있었는데, 그후 집으로 두 사람이 킹고 킹고를 우송해왔다. 그 연회에 참석했던 여성들이다. 대단히 감사.

샌프란시스코에 사는 친구가 잠시 귀국했다. 다이어트 알약을 네

상자 주었다.

"하야시, 이거, 미국에서 화제가 되고 있는 약인데, 안전하고 살도 잘 빠져. 우리 남편도 이런 거 잘 안 믿는 사람인데, 한 달에 3kg나 빠졌어."

으, 으, 기쁘다. 나는 목이 메었다. 일본 전국, 아니 세계가 나의 미모와 체중에 대해 걱정해주고 있구나. 여기에 고무되지 않으면 한물 간 여자일 것이다. 그래서, 나는 순간의 달콤함을 참고, 저녁식사도 건너뛰고 있다. 회식이 있을 때는 잔뜩 먹지만, 스케줄이 없는 날은 사과 반 개 정도만 먹는다. 사실 오늘, 테츠오와 오랜만에 데이트하기로 한 날인데, 그도 염려가 되었는지, 당초의 프랑스 요리를 취소했다. 대신 비교적 칼로리가 적은 이탈리아 요리를 먹기로 했다.

지난주에는 A양과 가부키를 보러 갔다. A양이란, 내 여동생뻘 되는 매우 순진하고 성격 좋은 친구다. 한번도 회사를 다닌 적이 없고, 도쿄에서 대학을 나온 후에도 집에서 보내주는 학비로 학원 같은 데를 다니는 부유한 신분이다. 요즘에 보기 드문 참한 아가씨로, 얼굴도 정통파 미인.

어떤 계기가 있어 테츠오에게 소개했더니,

"오, 상당한 미인이네요."

하며, 악담쟁이가 드물게 칭찬을 다 해주었다. 아니, 드물다기보다, 테츠오가 여자에 대해 칭찬하는 말을 듣는 것은 처음 있는 일이라, 아직도 기억에 생생하다. 어쨌든 그는 미인이라고 해놓고도 "머리가 나빠—" "빈털터리야" 하는 식으로 곧바로 험담하기 일쑤다. 최근에는 흠잡을 데 없는 완벽한 미인에게도 "음란해 보여"라고 말하는 것이다. 그래서, 아름답고 성격 좋고 느낌도 좋은 여자를 만나, 더 이상 불평 안 하겠구나 했더니,

"흠 잡을 데 없는 여자라서 싫어."

한다. 더 이상 할 말이 없다. 그런 그가 A양의 전화번호를 가르쳐 달라고 나에게 집요하게 달려드는 것이다. 그 집요함이란 정말 '사람 질리게 만드는' 수준이었다. 내가 그녀에 관해 에세이로 쓴 원고를 넘겼더니,

"이거, 불빛에 비추면 A양의 전화번호가 비치는 원고겠지?"

하며 협박조로 말할 정도다. A양도 싫지는 않은 듯이,

"가르쳐주세요, 괜찮아요."

하며 좀 들뜬 표정이었지만, 어느덧 세월은 흘러, 20대 중반이었던 A양도 이제 30대로 접어들었다. 연인도 생겼다. 그 연인은 이혼 경력이 있는 40대의 아저씨다. 이것을 계기로 그녀의 분위기가 좀 바뀐 것도 사실이다. 보통 아저씨를 사귀면, 여러 가지 선물을 해주니까 화려해지는데, 그녀의 경우는 오히려 수수해졌다. 원래가 부잣집 딸이라, 시골 어머니가 사준 약간 촌스러운 브랜드의 옷을 입고 있었다. 그날 가부키 극장에 나타났을 때, A양은 회색 수트(아래는 좀 복고풍으로 플레어스커트)에 머리를 뒤로 동그랗게 말고, 근시 안경을 끼고 있었다.

"A양, 미안하지만, 출판사에 일러스트를 넘겨주러 가야 하는데, 같이 갈래?"

가부키 공연이 끝난 후, 테츠오에게 가기로 했었다. 그러니까 출판사는 가부키 극장 바로 뒤에 있다. 사내 커피숍에서 기다리던 테츠오는 A양을 보고 한 마디로,

"늙었네—."

하며 소리쳤다. 조롱하는 투도 악담하는 투도 아니었다. 정말 실감해서 내뱉은 느낌이었다.

"너, 너무해요."

A양은 금방이라도 울음을 터뜨릴 것 같았다. 세상에, 결혼도 안한 여자에게 이런 말을 하다니.

"어쩔 수 없어. A양은 아저씨하고 사귀고 나서 좀 수수해졌다니까."

나는 염려되어 위로한답시고 한 말이지만, 어쩐지 테츠오에게 바통을 이어받은 것 같다.

"있잖아요, 추녀와 노환은 전염되니까 조심해야 해요."

테츠오는 설교를 시작했지만, 여자의 마음에 얼마나 상처가 되는지 깨닫지 못하는 모양이다.

나는 생각했다. 여자에게 충고를 한다는 것이 얼마나 어려운 일인가. 특히 예민한 연령의 여자는 더욱 그렇다.

하지만, 나는 예민할 나이는 이미 지나, 모든 충고와 동시에 구체적인 지적 사항을 전부 받아들일 수 있다. 얼마나 감사한 일인가. 그런데, 킹고 킹고를 열 번 정도 사용했지만, 석회암이 먹힐 나이가 훨씬 지났는지, 자꾸만 건조해진다.

조상 공양 다이어트

조상 공양으로
살이 빠지길!

최근, 애용하던 파운데이션이 다 떨어져, RMK RUMIKO 매장으로 갔다. 물건을 골라 점원에게 건넸다. 그리고 점원이 포장하러 간 사이, 진열대 위에 놓인 여러 가지 샘플들을 다급히 시험해보았다. 점원이 있으면 눈치가 보여서 못 하지만, 없으니까 당당하게 한다. 그리고 거울을 본 나는 으악 하고 나지막이 비명을 질렀다.

요즘 피부 손질을 게을리 한 탓에, 파운데이션이 붕 뜬 것이 아닌가. 밝은 조명 아래에서 보니, 샤넬의 핑크색 아이섀도가 정말 안 어울린다.

이래선 안 돼. 〈미녀입문〉을 쓴 이 하야시 마리코가, 이런 지저분한 화장을 하고 백화점을 활보하다니. 피부는 기본! 이것이 나의 지론 아닌가. 나는 생김새는 칭찬받지 못하지만, 피부는 늘 칭찬을 받아왔다. 피부가 깨끗하면, 화장을 짙게 하지 않아도 되고, 세련된 인상을 풍긴다.

그랬던 피부가, 손질을 좀 게을리 했다고 이런 버석버석한 피부로 변하다니. 나는 즉시 미용센터에 예약했다. 최근 들어 바빠서 이용이 뜸했다.

"하야시 씨, 요즘 피부가 많이 나빠졌어요. 전에 그 맨들맨들한 피부는 어디로 간 거죠?"

침대에 길게 드러누워, 원장에게 야단맞았다. 하지만, 평소처럼 마사지를 받으니 훨씬 좋아진 느낌이다. 꾸벅꾸벅 졸기 시작한 내 귓가에, 원장은 낮은 소리로 말했다.

"저기, 하야시 씨, 예뻐지고 싶어요?"

"네, 네."

그래요, 간절히.

"그럼, 내가, 믿을 만한 고객에게만 얘기하는 건데요, 몸의 나쁜 기운을 빼내기 위해서, 조상 공양을 받아보면 어때요?"

"조상 공양?"

"우리 피부가 거칠어지고 피곤해지기 쉬운 것은, 모두 기운이 상승하지 않기 때문이거든요. 이 기운을 돋우기 위해서는, 열심히 기도하여 조상을 공양하지 않으면 안 돼요."

정말 이상한 이야기다. 나는 점을 매우 좋아하지만, 이런 종교는 질색이다. 젊었을 때, 재미 반 흥미 반으로 신흥종교에 몸담은 적이 있기 때문에, 결코 무턱대고 싫어하지는 않는다. 다만, 이래저래 번거로워지는 것이 싫을 뿐이다.

하지만 나는, 다음 이야기에 반응했다.

"미카 양도 조상 공양 받아서 7kg나 빠졌어요."

미카 양은 나와도 아는 사이로, 그녀도 이 미용센터에 다니고 있다.

"살 빠지는 신이 붙어 다녀서, 아무리 절식을 해도 전혀 괴롭지 않대요. 한 달 사이에 7kg나 빠져서, 옷이 헐렁헐렁해졌대요. 거짓말인 것 같으면, 미카 양에게 물어봐요."

나는 즉시 미카 양의 핸드폰으로 전화를 걸었다. 미카 양은 얼굴은 약간 통통하지만, 몸매가 상당히 좋다. 더 이상 마르면 어떻게 될까.

"어머, 마리코 씨, 오랜만이에요."

급속히 살이 빠졌을 텐데, 미카 양의 목소리는 활기차다. 7kg 빠진 것은 사실이라고 그녀는 말했다.

"절식했어요. 살 빠지는 신이 붙었다는 건 거짓말이에요. 얼마나 괴로웠는데요."

그녀는 매우 멋진 몸매를 가졌는데도, 스포츠센터에 꼬박꼬박 다닌다. 음식 조절도 철저히 한다. 이런 근성이 있기 때문에 7kg나 뺄 수 있었던 것이다.

하지만, 내가 7kg라는 숫자에 마음이 움직인 것은 분명하다. 어쩌면, 그녀가 그 나쁜 기운을 빼준다는 점쟁이에게 갔지도 모른다.

그러고 보면, 여자가 각성제나 마약에 손을 대는 동기는, '살을 뺄 수 있기 때문'이라는 말이 된다. 바보 같다고 비웃는 반면, 나도 무서운 일을 상상한 적이 있다. 그것은 자살 같은 것은 아니지만, 꽤 심각한 병에 걸려 병원에 몇 개월 입원하는 것이다. 그리고 비쩍 말라 완전히 다른 사람이 되고 싶다는 소망이다. 수단과 방법을 가리지 않는 나의 상상력.

테츠오는 자주 이런 말을 한다.

"죽을 각오로 살을 빼봐. 될 거야."

우리 어머니는, 미용센터에 다니고, 다이어트 기구를 사들이는 나를 보고 이렇게 한탄한다.

"죽어라고 돈 벌어서 맛있는 것 사먹고 찐 살을, 이제는 죽어라고 돈 들여서 빼려고 하네. 좀 궁핍하게 먹으면 그냥 빠질 텐데."

맞는 말이다. 하지만, 이 세상은 쾌락으로 가득 차서, 거기에 몸을 맡겨버린 결과가 이렇다. 조상님, 용서하세요. 아무것도 해드릴 수 없지만, 당신의 자손은 행복하답니다. 비록 뚱보지만.

거침없는 여자가 아름답다

테츠오의 입술, 섹시하다..
그래서—

테츠오와 복어를 먹기로 했다. 복어는 맛있다. 맛있지만 비싸다. 그래서 가끔 먹을 수밖에 없지만, 평상심을 유지하기 어려운 나. 이런 말을 하면 싫겠지만, 나, 복어에는 돈을 아끼지 않고, 서너 마리 먹어치운다.

그것은 재작년의 일이었다. 테츠오를 포함해 셋이서, 대단한 고급 복어 전문식당에 갔다. 하지만, 나를 제외한 다른 사람은 염려되는 듯 복어회에는 좀처럼 손을 대지 않았다. 꽃으로 장식한 예쁜 큰 접시에 놓인 회가, 점점 말라 윤기를 잃어가는 것을 나는 보고만 있을 수가 없었다. 그래서 젓가락으로 몇 점 집어먹었던 것. 그때의 일을 테츠오는 아직도 기억하고 있어, 나를 놀릴 때 써먹는다.

"'복어 회전목마'라는 걸 그때 처음 봤어. 젓가락을 이렇게 돌려서 45도 각도로 누워 있는 복어회를 정확히 딱 집었지, 히야~."

하지만, 오늘은 품행을 단정히 하지 않으면 안 된다.

나와 테츠오 외에, 평판 좋은 미녀 A양이 합석한다. A양은 미모도 미모지만, 인기 있는 걸로도 유명하다. 그다지 사람들 입에 오르내리는 타입은 아니지만, 굉장한 성과를 올리고 있는 듯하다.

우선은 맥주로 건배. 그 다음으로는 필레주(酒)를 주문했다. 꿀꺽꿀꺽 마시는 A양. 술을 잘 마시는 것도 좋은 여자의 조건이다. 적당히 마시고, 적당히 취하고, 적당히 애교부리고, 적당히 남자에게 엉긴다.

연예계에서 일하는 사람에게 들은 이야긴데, 이런 일은 ○○씨가 천하일품이라고 한다. 술자리에서 안주 접시를 돌려가며 먹을 때, 그녀는 가장 맘에 든 남자를 집중 공략하여 심술을 부린다고 한다.

어머, 내것까지 다 먹고 너무해요~ 다른 사람은 생각 않고 그렇게 덥석덥석 집어먹으면 어떻게 해요, 세심하지 못하게… 하며 짜증스럽게 말하지만, 그 말투나 모습이 매우 사랑스럽다는 것이다.

"여자인 나도 깨물어주고 싶은 만큼 예쁜데, 남자들은 오죽하겠어요."

흠, 이거, 써먹을 만한데. 맘에 드는 남자를 한 명 딱 찍은 후, 다른 사람 앞에서 면박주는 것은 고난도급 기술이지만, 조금씩 연습해보자.

그런데 약간 취한 A양은 테츠오에게 추파를 던지기 시작했다.

"테츠오 씨, 역시 핸섬해요— 특히 입술이 끝내줘요—."

"그렇습니까."

부끄러운 듯이 대답하는 테츠오.

"네, 그 두툼한 입술, 진짜 섹시해요. 여자들한테 이런 말 많이 듣죠?"

처음이에요, 하고 테츠오는 대답했지만, 꼭 그렇지만은 않은 표정이다. A양을 먼저 보내고, 돌아오는 택시 안에서 테츠오는 이렇게 말했다.

"인기 있는 여자는, 거침이 없어."

즉, 주저주저하거나, 쓸데없는 연출을 하지 않는다는 얘기다. 그때그때 생각한 것을 즉시 이야기한다. 상대 남자가 어떻게 생각하든 겁내지 않는다. 자신감이 있기 때문에 기죽을 필요도 없다. 생각한 것을 솔직하게 말하는 것, 이것이 또 사람을 근사하게 만든다.

나 같은 경우는 남자에게,

"입술이 섹시해요."

라는 말 못한다. 상대가 테츠오라도 마찬가지다. 상대가 어떻게 생각할지 머릿속으로 이것저것 재게 된다. 그런 점에서 인기 있는 여자는 매우 직설적이라 할 수 있다. 나는 동성에게는 똑부러지고 분명하게 말하지만, 남자에게는 사소한 말에도 온통 신경을 쓰고 마는 서글픈 천성을 지녔다.

그러고 보니, 오래 전, 한 세대를 풍미했던 드라마 '도쿄 러브스토리' 중에서, 여주인공이 연인을 향해 이렇게 외쳤다.

"있잖아― 섹스하자―."

이 대사가 여자들에게 대유행했었다.

하지만, 그 여주인공이 지금의 얼굴과 몸매였다면, 그렇게 말할 수 있었을까. 그런 식으로 말하기 위해서는, 역시 상당한 자신감이 있었을 것이다.

서민 수준의 여자는, 어떻게 해야 직설적이고 솔직해질 수 있을까. 나는 플러스가 되는 말이라면, 조금 경망스러워 보이더라도 곧바로 말해야 한다고 요즘 마음먹고 있다.

"와, 끝내준다."

"히야, 저 여자 캡이야."

하는 말이 자연스럽게 나오면 되는 것이다. 얼버무리면 아줌마 티가 나서 안 된다. 궁극적인 것은, A양처럼 남자의 신체의 일부, 입술이라든지 손 같은 데를 칭찬해도, 거북하지 않게 들려야 하는 것이다. 이것은 수련을 덜 쌓으면 결코 할 수 없는 일이다.

그렇다면, 나도 용기를 내어 직설적으로 말해볼까.

"테츠오, 한 턱 내라, 복어로―."

어딘지 좀 정 떨어지는 느낌이 든다.

내 인생에서 이런 남자만 없다면…

바비 인형 같은
루미코 씨

"이봐, 굿 뉴스야."

테츠오에게서 전화가 걸려왔다.

"루미코 씨가 일본을 방문한다니까, 당신이 대담을 맡아줘. 루미코 씨에게 미녀가 되는 메이크업에 대해 집중적으로 물어봐줘. 굉장한 뉴스지?"

루미코 씨는, 미국에 건너가 일류 메이크업 아티스트로 성공한 전설적인 여성이다. 최근에는 자신의 브랜드 'RMK RUMIKO'를 직접 운영하고 있는데, 이것도 대단히 인기다. 나 또한 파운데이션은 2년 동안 이 RMK를 사용하고 있다. 가볍고 내추럴한 분위기를 자아낸다. 매우 좋은 느낌.

그런데 얼마 전, 나의 가슴을 아프게 한 사건이 있었다. 모 주간지의 차별문제이다. 신년 특집호로, 굵직굵직한 기획들로 엮었다. 주간지 표지 사진에는 '밀레니엄 미녀'라는 타이틀로, 90년대를 장식한 미녀들을 잔뜩 실어놓았다. 그리고 같은 호에서 나는 대담 코너에 등장한다. 잡지를 펼쳐보고 불끈 화가 치밀었다. 내 얼굴 사진도 크게 게재되어 있었는데, 바로 옆에 '밀레니엄 미녀'가 배치된 것이다. 거의 같은 크기로. 그런데 독자들을 배려하는 마음에, '혼동하지 않도록' 선을 그어놓은 것이다.

이건 정말 실례가 아닌가. 나 하나 정도 섞여 들어간다고 해서 무슨 위화감이 생긴다고. 그렇다면, 루미코 씨와 더불어 진정한 미녀의 반열에 올라보자.

드디어 스튜디오에 나타난 루미코 씨는, 연령 미상, 국적 불명의 바비 인형처럼 예쁜 사람이었다. 한겨울인데 민소매 니트를 입어 더욱 앙증맞아 보였다. 한편 나는, 최근 회식이 줄을 이어, 매일밤 이탈리아 요리, 프랑스 요리, 와인을 즐긴 탓에 얼굴이 보름달처럼 붕 떴다. 무지하게 창피한 일이다.

하지만, 수면과 영양이 충분하기 때문에, 피부만큼은 상태가 매우 좋다. 루미코 씨는,

"하야시 씨, 정말 피부가 아름다우세요. 기미나 주름 같은 게 전혀 없어요."

하고 말했다. 반드시 인사치레로 하는 말 같지는 않았다. 그리고 나서, 나의 메이크업이 시작되었다. 나는 몇몇 일류 헤어&메이크업 아티스트라고 불리는 사람들에게 얼굴을 손질받은 경험이 있다. 알고 보면 나는 참으로 행운아다. 하지만, 루미코 씨는 그 누구와도 달랐

다. 격식 없이 자연스러운 느낌으로 메이크업을 해나간다. 이를테면, 아이라인과 립라인을 그릴 때, 일본인은 그야말로 숨을 멈추고, 0.001㎜에 목숨을 걸고 선을 그려간다. 하지만, 루미코 씨는 다르다. 즐겁게 수다 떨면서 메이크업을 해나간다. 생각컨대, 그녀가 늘 상대하고 있는 슈퍼모델이나 헐리우드 여배우들은 상당히 신경질적인 사람들이 아닌가. 그런 사람들을 향해 이쪽이 신경질적으로 대하면, 상대는 더욱 예민해질 것이다. 특히 피부를 접촉하는 사람은, 그 사람의 마음 상태가 그대로 손끝을 통해 전해진다.

루미코 씨는 어느 슈퍼모델 이야기를 해주었다. 역시 상당히 버릇없다는 얘기였지만, 그것은 지치거나 긴장한 탓이라는 것이다.

"그런 때는 어디 적당한 데 눕혀서 메이크업을 해줘요."

이상한 방법이긴 하지만, 매우 편안한 여성이다. 그렇게 수다스럽지도 않은데, 함께 있으면 긴장이 풀리고 편안해지는 어떤 상냥함이 있다.

루미코 씨는 말했다.

"하야시 씨, 눈이 크고 상당히 귀여워요. 그것보다 멋진 것은 입술이에요. 도톰해서 예뻐요."

루미코 씨가 정직하고 빈말은 하지 않는 사람이라는 것을 금방 알 수 있었다. 그래서 나는 물어보았다

"피부도 아름답고, 눈도 귀엽고, 입술도 멋지고, 그런데 나는 어째서 사람들에게 미인이라는 소리를 듣지 못하는 걸까요?"

순간 침묵이 흘렀다. 어라, 이 이상한 공기. 잡지사의 스타일리스

트도 루미코 씨의 조수도 입을 다물어버렸다.

이윽고 루미코 씨는 입을 열었다.

"그것은…… 자신이 없기 때문이겠죠."

그런가, 그랬다. 오랜 세월의 의문이 풀리는 듯했다. 그래, 그래, 세상 사람들이 말하는 미인의 기준에 내가 들지 못하는 것은 아니다. 나는 기죽지 말고, 당당하게 행동하면 되는 거였다.

그날, 곧바로 테츠오에게서 전화가 걸려왔다.

"당신, 곤란한 질문 한 것 같은데."

이미 누군가가 보고한 모양이다.

"루미코 씨 정말 안됐어. 듣기 좋은 소리만 연발하더니, 날카롭게 한 방 먹은 거네."

히죽거리며 재밌어한다. 얼마나 짜증나는 남자인가. 나는 생각한다. 이런 남자의 존재가 나에게서 자신감을 빼앗는 것이다. 이런 남자의 말이 나를 미녀의 대열에서 벗어나게 만드는 것이다.

연애의 달콤함은 연하의 남자에게서

여자는 화를 내면
주름이 두드러진다는 것을
알았다.

고야나기 루미코 씨의 이혼 기자회견, 정말 대단했다.

연예 활동을 그만둔다, 혹은 위자료 1억 엔을 요구한다, 하는 소문에 대해,

"공인으로서 책임을 다하기 위해, 마음을 독하게 먹었습니다."

라고 말했다. 어느 남성주간지에서,

"옛날에는 독하지 않았는데"

하는 식으로 기사를 썼다. 남성들은 이 이혼소동에 대해 고야나기 루미코 측을 완전히 나쁘다고 판결지은 것 같다.

"남자라면 누구나 헤어지고 싶을 거야."

라고 떠들어댄다. 거기에 반해 여성들은 반응이 엇갈린다.

"기분은 이해하지만, 그렇게까지 해야 하나?"

"하지만, 그렇게까지 하지 않으면 곪은 게 터지질 않지."

하는 식으로, 혐오와 동정이 섞여 있는 느낌.

그런데 이 기자회견 다음날, 오랜만에 사이몬 씨를 만났다. 나는 즉시 그녀에게 말했다.

"사이몬 씨는 대단해요. 10년 전에 이 일을 예언했잖아요."

그 즈음, 루미코와 겐야는 닭살 커플로 주위 사람을 자주 당황하게 만들곤 했다. 특히 결혼식 때의 진한 키스는, 당시 뭐랄까 연상의 여인과 연하의 제비족의 모습처럼 보였다.

'자신 있고 능력 있는 여자는, 저렇게 젊은 남자를 키우는 것도 괜찮은 일이다'

하는 풍조가 만연한 가운데, '두고봐라' 한 것이 사이몬 씨였다. 사이몬 씨는 에세이를 통해,

"루미코와 겐야는, 강한 어머니와 어리광쟁이 아들의 관계 그 자체이다. 겐야가 스스로 자립하고 싶다고 생각할 때, 아버지를 떠나는 자식처럼, 루미코에게서 벗어나고 싶다고 생각할 것이다."

지금 생각하면 정론이지만, 이것을 루미코 씨가 읽은 것 같다. 그리고 크게 화를 냈다.

"우리는 절대 헤어지지 않아요."

"그때, 주간지나 와이드쇼에서 '루미코 대 사이몬 후미의 대격투'라고 해서 크게 다뤘었죠. 그런데, 이번 이혼에 관해서는 아무도 내게 묻는 사람이 없어요. 그러니까 내 정론은 증명되지 않은 셈이죠."

사이몬 씨는 좀 서운한 모양이다. 어쩔 수 없다, 세상에는 잊혀지는 일들이 많으니까.

그런데 내 주위에서도, 연하남과 결합하는 예가 참으로 많다. 그리고 80%가 헤어진다. 그중 한 사람이 루미코 문제에 관해 이렇게 발언했다.

"별 수 없어, 젊은 남자가 연상의 여자를 버리는 것은 일종의 관습처럼 되어 있으니까."

그 순간은 안타깝고 슬프고 가슴이 찢어지는 것 같지만, 어쩔 수 없는 일이라고 스스로를 위로한다고 한다. 왜 이리 안타까운가 하면, 처음 얼마 동안은 연하남은 적극적이고 정열적인 행동을 보이기 때문이다. 여자는 그렇게 어리석지 않다. 특히 내 친구들처럼 분별 있는 여자들은 연하남을 강력히 거부한다.

"나를 어떻게 생각해요?"

"관둬. 우리가 잘될 턱이 없어."

그런데 연하남 쪽은 절대로 포기하지 않는다. 사랑하고 있다, 당신 말고 다른 여자는 생각할 수도 없다, 보통 사람의 다섯 배 이상 열렬히 설득한다. 그래서 여자는 홀딱 넘어간다. 사귀면 사귈수록 연하남은 사랑스럽다. 어리광부리는 것도 귀엽고, 강한 남자처럼 보이려고 애쓰는 것도 귀엽다. 그래서 여자의 마음이 기울면, 연하남은 슬슬 귀찮아한다. 여자는 의아하게 생각한다. 그리고 남자를 비난한다. 그리고 집요하게 매달린다. 구애받을 때의 인상이 너무나 강렬했기 때문에, 여자는 이게 아니라고 생각하며 더욱 집착한다. 그리고 남자는 자꾸만 도망치려 한다. 이것이 연상녀와 연하남의 흔한 패턴이다.

남자와 여자의 관계는 마치 시소 같다. 한쪽이 무거우면 다른 한쪽이 들린다는 것은, 누구나 알고 있는 진실이다. 하지만, 연상녀와 연하남의 관계는, 이 시소 게임이 매우 빠르게 진행되어, 무서운 기세로 오르락내리락한다. 이것이 고통스러운 점이다.

나는 자랑은 아니지만, 지금까지 연하남에게 마음을 빼앗긴 적이 없다. 딱 한번 두 살 연하의 남자와 사귄 적이 있지만, 두 살 정도면 지금 시대에 연하라고 할 수도 없을 것이다. 어차피 버려질 거라는 것을 알고 있는 데다, 연하남을 애인으로 두면, 자신의 외모에 대한 불안, 다른 여자에 대한 불안 때문에, 질투심도 두 배로 늘어날 것 같은 기분이 든다. 하지만, 내 친구는 말한다. 진정한 사랑의 달콤함을 맛보려면, 연하남이어야 된다는 것이다.

"잠들어 있을 때의 피부를 보면, 젊은 남자라 얼마나 매끈매끈하고 부드러운데. 그 자는 얼굴을 보면서, 이 남자를 절대로 다른 여자에게 넘길 수 없다고 생각하지. 그때의 행복감이란……."

사랑이란 정말 깊고 깊다. 마조히즘의 극치라고 할 만한 것을 일부러 맛보려 한다. 그리고 헤어지면 헤어진 대로, 사디즘으로 전환한다. 이런 감정의 변화를 마음껏 즐겼다면, 여자는 상당히 여유가 생길 것이다. 나에게는 절대로 무리.

나도 쇼핑의 여왕

사이먼 씨가 내게 말했다.

"하야시 씨, 최근 질 샌더를 입고 다니던데. 나도 거기에 가보고 싶은데, 혼자 들어가기가 좀 그래서요. 이번에 갈 때 나도 데려가 줄래요?"

나도 경험한 일이지만, 잘 모르는 고급 부티크에 들어간다는 것은 상당히 긴장되는 일이다. 특히 나는 사이즈도 그렇고 해서, 모르는 곳에 가려면 꽤 용기가 필요하다.

"어머, 나도 그래요."

라고 맞장구치는 사이먼 씨.

"요즘 질 샌더 매장에 나온 옷은 사이즈가 38까지밖에 없다면서요? 너무해요."

이것은 사이먼 씨의 착각이다. 독일 제품의 사이즈는 이탈리아나

프랑스 사이즈보다 작게 표시된다. 사이즈 38은 40이나 42라고 생각하면 된다.

"사이몬 씨는 사이즈가 몇이에요?"

"××요."

놀랍게도, 아담한 사이몬 씨와 나와는 한 사이즈밖에 차이가 나지 않는 것이었다(물론 가슴은 예외).

사실 사이몬 씨는 상당히 몸매가 좋다. 가슴은 풍만하고, 허리는 잘록한, 그야말로 부러운 체형이다. 이런 사람은 뭐든 잘 어울린다고 생각했는데,

"그렇지만, 질 샌더는 정말 들어가기 어려워요. 가격도 비싸고. 얼마 전에도 빼꼼히 열고 들어갔다가 곧바로 나와버렸어요."

그래서 토요일 오후, 둘이서 아오야마에서 만나 질 샌더로 향했다.

"질 샌더에 가면 꼭 연예인을 만나요."

하고, 걸으면서 말해주었다.

"최근에는 스즈키 교카를 가까이서 봤어요. 정말 예쁘더라구요."

매장에 도착했더니, 미리 약속을 해서인지, 담당 직원이 기다리고 있었다. 차마 말하기 곤란하지만, 내 사이즈를 찾기 위해, 이 사람이 얼마나 고생했을까 생각하면 미안하기 그지없다.

그날, 나를 위해 준비해둔 것은 검은색 바지 정장과 재킷이었다. 사이몬 씨는 감색 수트를 입어보았는데, 매우 잘 어울렸다. 브릿지한 헤어스타일이 돋보였다.

사실, 우리는 같은 미용실에 다닌다. 테츠오의 강력한 권유로, 나

와 사이몬 씨는 미용실을 바꿨다. 그 미용실은 〈앙앙〉 잡지사 전용이라고 해도 좋을 만큼, 최신 헤어스타일로 잘 손질해준다. 헤어스타일도 최신, 의상도 질 샌더 제품, 나는 도시의 최고 멋쟁이……이론은 그렇지만, 거울에 비친 내 모습은? 엉? 그런데…… 어딘가 이상하다.

실은 그저께, 질 샌더의 하얀색 다운 재킷을 입었는데, 테츠오가 비아냥거리면서 말했다.

"웬 스키복? 어디 스키장에라도 가려고?"

"참 나, 이거 질 샌더 거잖아, 질 샌더. 질!"

"헤, 실례. 질 샌더라고 써 붙이기라도 해야지, 어디 알아보겠어?"

갈수록 태산이다. 그렇지만, 나는 또 샀다. 최근에 출간한 책의 인세로 계산해야 하는데도, 하여튼 샀다. 원하는 것은 가져야 한다.

그런데 눈앞에 있는 사람들, 선글라스를 낀 키 큰 남자와, 빨간색 코트를 입은 여성. 바로 이시바시 다카아키와 스즈키 호나미 부부가 아닌가. 너무 기쁜 나머지 가슴이 두근두근거렸다. 이시바시 씨는 10년 전 두 번 정도 만난 적이 있기 때문에, 과감하게 말을 걸었다. 호나미 씨와는 처음이지만, 크게 신경 쓰지는 않았다. 이런 스타를 만나는 것은 드문 일이다.

"나, 사이몬 씨와 같이 왔어요."

그렇다, 나의 강력한 아군 사이몬 씨. 그녀는 호나미 인기에 브레이크를 건 '도쿄 러브스토리'의 원작자이다. 호나미 씨와 사이몬 씨도 10년 만의 만남이라고 반가워했다.

예나 지금이나 아름다운 호나미 씨. 우리가 흔히 말하는 미인들과는 수준이 다르다. 신비함을 자아내는 아름다움이다. 이런 사람을 가까이서 볼 수 있다니, 역시 아오야마에 오면 좋은 일이 생긴다.

다음날, 사이몬 씨로부터 팩스가 도착했다.

"하야시 씨와 함께 있으면, 언제나 대 스타를 만나는데, 왜일까요?"

이건 칭찬인가?

나는 다음 약속이 있어 먼저 자리를 떴지만, 사이몬 씨는 이것저것 사느라 ○○만 엔(비밀)이나 썼다고 한다.

"나카무라 우사기 씨처럼 되기는 어렵지만, 올해는 나카무라 햄스터나 나카무라 몰모트 정도는 되고 싶어요."

라는 결의가 적혀 있었다. 사실은 나, 사이몬 씨보다 훨씬 많은 쇼핑을 하고 있다.

집 융자금도 있고, 욕실도 고쳐야 하고, 자동차 점검도 받아야 하고, 연체중인 세금도 내야 하는 어려운 생활이 계속되고 있지만, 역시 옷은 사야 한다고 나도 마음을 굳혔다. 미녀라는 존칭은 영원히 무리라고 해도, 노력하여 '멋있고 센스 있는 여자'라는 말은 들으면서 살고 싶다. 나는 될 것이다, 하야시 우사기.

〈앙앙〉 역사의 절반은 나의 역사

30년 전에 내가 받은
〈앙앙〉의 손지갑

〈앙앙〉이 30주년을 맞는다고 한다. 진심으로 축하한다.

30년이라고 쉽게 말하지만, 줄곧 일본 여성을 리드하는 인기 잡지로 불린다는 것은 대단한 일이다.

30년 전, 나는 무엇을 하고 있었던가. 말하고 싶지 않지만, 시골 학교의 중3인가 고1쯤 된다. 패션이나 유행과는 전혀 무관한 생활을 하고 있었다. 그때는 여학생이 입을 만한 옷을 별로 팔지도 않았고, 외출할 때는 무조건 교복을 입는 시대였다. 그렇지만, 나와 〈앙앙〉의 인연은 그 즈음부터 생긴 것이었다.

'〈앙앙〉 창간 기념 캐치프레이즈 공모'에 응모했는데, 뽑히지는 않았지만, 타월 소재로 된 손지갑을 선물받았다. 갈색의 매우 멋진 손지갑이었다.

그런데 〈앙앙〉에 오래 근무한 사원에게 물었더니,

"그런 건 본 적이 없어요."
한다. 하지만, 나는 분명히 받았다.
　대학생 때는 복고풍이 유행이었는데, 나는 전형적인 여대생 복장이었다. 머리를 말고, 셀린느 스카프에 체인을 걸었다. 당연히 〈앙앙〉의 패션과는 거리가 멀었다.
　〈앙앙〉과 다시 가까워진 것은, 카피라이터가 되었을 때이다. 내가 매우 요란하고 촌스럽게 입고 다녔기 때문에, 선배한테,
"이거라도 읽고 공부 좀 해!"
하고 받은 것이 〈앙앙〉이었다.
　하지만, 도저히 종잡을 수가 없었다. 하여튼 나하고는 전혀 다른 세계의 이야기라고 느꼈지만, 조금이라도 가까워지려고 노력했다. 그러자니 기분이 복잡해지고 인간이 싫어졌다.
"흥, 무슨 유명인사라도 되는 줄 아나. 남자와 놀아난 주제에, 정말 싫어 이런 인간들."
하고 생각했던 것.
　지금도 그렇지만, 그때도 잡지 쪽 사람들은 어디를 가든 티를 내, 멀리서 봐도 금방 알아볼 수 있다. 그뿐 아니라,
　'여기는 〈부루터스〉 직원이 회식하는 곳'
　'〈앙앙〉 사람들이 식사하는 곳'
이라고 써 붙이고 장사하는 곳도 많았다.
　그런 것을 볼 때마다, 나는 '흥!' '흥!' '흥!'을 연발했다. 열등감에 사로잡혀 삐딱하게 구는 꼴이라니.

"뭐야, 이상한 검은색 옷만 입고. 멋낼 줄도 모르면서."
하고 흉을 본다.

그런 내가 어느 날, 아는 사람을 통해 취재 의뢰를 받았다.

"'카피라이터는 어떤 직업인가?'라는 테마로 취재에 응해주지 않을래요?"

당연히 해주지, 정말 기뻤다. 어떤 옷을 입으면 좋을까 사흘 동안 고민했다. 그 즈음 나는, 이상한 테크노 패션을 고집하고 있었다. 머리는 뾰족뾰족한 데다, 피오르치의 은색 점퍼를 걸치고 다녔다.

분명히 말해, 시골사람의 촌스러움에서, 도쿄 외곽지역 사람의 촌스러움으로 이행한 것이다.

하지만 이런 나에게도 〈앙앙〉 사람들은 친절을 베풀어, 내 사무실로 직접 직원이 방문해 취재하기로 했다. 뭐, 나도 처녀작을 출간하여, 다소 유명인이 되어 있던 터였다.

그리고, 운명의 날이 다가왔다. 어느 날 걸려온 한 통의 전화.

"여보세요, 이번에 찾아뵐 편집자는, 우리 잡지에서 가장 핸섬한 사람이에요. 한번 봐두면 손해는 안 볼 거예요."

키가 크고, 구릿빛 피부의 젊은 편집자가 찾아왔다. 그는 입사한 지 2년 정도 된 직원이었다.

내 사무실에 와서, 곧바로 네즈 미술관 정원으로 놀러 갔다. 돌아오는 도중에 고기구이집 앞을 지나쳤다.

"있잖아요, 여기 햄까스 굉장히 맛있어요."

내가 말하자,

"그렇습니까."

젊은 남자는 무뚝뚝하게 말했다.

나는 거기에서 햄까스와 크로켓을 사서, 내 사무실에서 함께 먹었다. 매우 점잖고 느낌 좋은 사람이라고 생각했던 나의 눈은, 있으나 마나였다.

지금으로부터 15년 전의 일이다. 그 젊은 남자는 이제 40대의 나이로 접어들었고, 〈앙앙〉의 편집장이 되었다. 그가 바로 테츠오이다.

그리고 나서 15년이 지났다. 나의 역사는 〈앙앙〉 역사의 절반에 해당한다.

내가 〈앙앙〉에 등장한 횟수는, 여성부문에서는 제1위가 아닌가.

나이든 아줌마가 되어도, 〈앙앙〉에 자주 나와 위화감 없는 여자가 되고 싶은 나.

이번주는 30주년을 맞아, 격조 높고 감동적으로 쓰고 싶었다.

내 몸무게는 일급 비밀

초여름을 맞아, 다이어트가 잘 진행되고 있다. 무서울 정도로 살이 빠진 나.

하지만, 여기에서 독자 여러분들은 이렇게 말하지 않을까. 당신의 그런 말, 벌써 네다섯 번은 들었을 거야. 스스로 무서울 정도로 빠졌다고. 하지만 곧 원상태가 되지 않는가. 당신, 여름만 되면 다이어트에 열심이지만, 가을이 되면 원래대로 돌아오잖아.

분명 지금까지의 나는 그랬다. 하지만 이번에 나는 획기적인 것을 시작했다. 그것은 지금까지의 다이어트 사상 없었던 것이다.

그것은 무엇인가. '돈을 들여 남의 손을 빌린다'는 것이다. 얼마 전, 새로운 남자친구에게서 전화가 걸려왔다. 그도 상당히 다이어트로 고생하고 있는 사람이다.

"하야시 씨, 우리가 절대적으로 날씬해질 수 있는, 최후의 방법을

발견했어요!'

그것은 간단한 체조와 철저한 식사요법이라고 한다.

"그렇지만, 고기와 기름은 먹을 수 있기 때문에, 그렇게 괴롭지는 않아요. 돈까스 같은 걸로 식사만 안 하면 OK."

그리고 일주일에 한 번 선생이 와서 체중 체크와 일주일분 식사 관리를 해준다는 것이다.

"개인 레슨은 O만 엔 내야 하지만, 확실히 살이 빠지니까 효과에 비하면 싼 거죠."

그는 2주일에 5kg나 살이 빠지고, 체질도 완전히 변했다고 한다.

"하야시 씨도 이미 부탁해놨어요."

이렇게까지 친절을 베풀다니. 하지만, 나는 좀 고민했다. 레슨비가 비싸서, '이런 큰돈을 내고도 살이 빠지지 않으면 어쩌지?' 하는 소박한 의문이 머리를 맴돌았다.

살을 빼려면, 밥을 먹지 않으면 된다. 돈을 쓰지 않고 궁핍하게 살면 살이 빠진다……. 하지만, 나는 생각한다. 그렇게 해서 살이 빠진 적이 있던가.

좋아, 이제까지의 생각은 전부 버리자. 근성이 없으면, 돈과 사람을 써서라도 살을 뺄 수밖에 없다. 이 진실을 마음에 꼭 새겨야 한다.

하지만, 나에게는 또 하나 넘어야 할 벽이 있다. 그렇다, 나의 체중을 남에게 알려야 하는 부담감이다. 나의 체중은 아무도 모른다. 1급 비밀로 남편도 모른다. 지난번에 이야기를 나누다가,

"설마, 나보다 많이 나가지는 않지?"

하고 남편이 물었는데, 갑자기 얼굴이 새빨개져 버린 나.

"어? 그런 거야!?"

그때의 남편의 얼굴은 정말 공포로 가득차 있었다. 아마 체중을 알려주면, 이혼하자고 나올지도 모른다. 그렇다, 남편도 모르는 체중을 남에게 알리고 싶지 않다. 혹시라도 소문이 퍼지면 어쩌랴.

이상한 에스테틱 살롱이나 다이어트 교실과 달리, 그 선생은 확실하다는 것이다.

"VIP 고객도 많기 때문에, 비밀은 절대 보장해줄 거예요."

하고 친구는 말했다. 그리고 나는, 일주일에 한번 선생을 불러들여 지도를 받기로 했다. 체조도 배운다. 처음에는 뻣뻣하게 굳어 있는 내 몸을 보고,

"정말 거기까지밖에 안 굽혀져요?"

하고 놀랐지만, 이제는 많이 능숙해졌다. 나의 노력의 결과겠지.

그리고 클라이막스, 체중계에 오른다. 선생과 그 조수 앞에서 체중계에 오르는 긴장감이란 이루 말할 수 없다. 이 방법은 상당히 효과가 있는 것 같다.

"혼나는 걸 두려워하지 않고, 배운 대로 전부 실행했지. 역시 다른 사람에게 보여진다는 것이 열쇠인 것 같아."

하고 테츠오에게 말했더니,

"그래, 야단맞는다는 것이 당신의 중요한 키포인트야."

라고 말한다. 과연 나는 기가 약하고, 마조히즘적인 데가 있다. 남에게 복종하는 타입이다. 이번에 이것이 잘 맞아떨어진 것이다.

또, 살이 빠지기 시작하자 즐거운 고민이 생겼다. 그것은 옷이 맞지 않는다는 것이다. 사실 나, 다이어트 시작하기 전날에, 상점에서 옷을 사고 말았다. 그중에는 바지 두 장과 진도 포함되어 있다. 어리석었다. 정말 왜 그런 짓을 했을까…….

테츠오의 전화는 계속된다.

"있잖아, 당신이 최근에 좋아했던 질 샌더 말이야, 이번에 어느 기업에 흡수된다는 소문이 있어."

"그래? 그럼 이제부터 나 뭐 입어? 구찌? 프라다? 아니면 조금 더 화려한 아르마니나 샤넬로 할까?"

이런 상담이 가능한 것도, 살이 빠졌기 때문이다. 하지만 그는,

"〈긴자〉라도 읽고, 스스로 연구해봐."

하고 냉정하게 말했다.

지금 미인균, 배양중!

테츠오는 자주 내게 이런 말을 한다.
"추녀는 전염되지만, 미인도 전염되는 거야. 신경 쓰지 않으면 안 돼."

사귀는 사람을 신경 쓰라는 말 같다. 하지만, 이것은 참으로 어려운 말이기도 하다. 왜냐하면, 서민 수준의 여자가 상당한 미녀와 함께 있으려면, 세상의 냉정한 눈길을 견뎌야 한다. 미녀에게는,
　'자기보다 못한 여자를 하녀처럼 데리고 다니는구나.'
하는 시선으로 바라보고, 외모가 떨어지는 여자에게는,
　'비굴한 여자.'
라고 치부해버린다.

그런데 최근 나는, 유명한 미녀인 요코 씨와 친해지게 되었다. 같이 배우는 게 있어서 거의 매일 만나다시피 한다.

그래서 옷 입는 데도 상당히 신경을 쓴다.

여자친구를 만난다고 하면, 물론 캐주얼을 입는 게 보통이지만, 좀 그럴싸하게 입을 만한 캐주얼복이 없다. 나는 프리랜서이기 때문에, 평소에는 입는데 그다지 신경을 쓰지 않는다. 밖에 입고 나갈 정장이나 재킷에는 돈을 들이지만, 캐주얼복은 촌스러운 것이 많다.

요코 씨는 내게 말했다.

"여자는 선물 받은 티셔츠를 입으면 안 돼요."

"어머, 그런 거예요?"

가슴이 철렁. 나는 외출용 티셔츠는 흰색의 심플하고 고급 소재로 된 것을 입지만, 집에 있을 때는 언제나 선물받은 티셔츠. 가슴에 출판사 이름이 새겨진 것도 아무렇지 않게 입는다. 요코 씨는 말했다.

"나는 늘 여름이 되면, 1만5천 엔에서 2만 엔 정도의 티셔츠를 두세 장 사요. 그리고 그것은 물빨래하지 않고 반드시 클리닝해요. 그렇게 하면 항상 새것처럼 입을 수 있거든요."

"티셔츠를 클리닝한다구요?"

하고 놀랐지만, 생각해보면 나도 비싼 티셔츠를 살 때가 있다. 하지만, 그것이 금방 후줄그레해지는 것은 세탁기에 그냥 돌리기 때문일 것이다. 티셔츠를 클리닝해서 항상 최고의 상태로 입는다는 것은 필요한 일일지도 모른다.

"여름에는 클리닝해서 입고, 계절이 바뀌면 집에서 세탁해요. 하지만, 다음 여름이 오면 새것을 구입해야죠."

그녀의 조언에 따라 티셔츠를 클리닝했더니, 언제나 새것처럼 입을 수 있게 되었다. 기분이 말할 수 없을 만큼 좋다.

또 요코 씨는 나의 가방을 못 봐주겠다고 말했다. 나는 요리학원에서 사용하는 터퍼를 넣을 수 있는 큼지막한 토트 백을 가지고 다닌다. 미시족 풍의 녹색 가방이다. 그녀는 그것을 보면 기분이 매우 나빠진다고 한다. 얼마 전 둘이서 쇼핑하러 갔을 때, 요코 씨는 질 샌더의 검은색 토트 백을 내 앞에 내밀었다.

"앞으로 이걸로 바꿔요." (물론 돈은 내가 냈지만)

그뿐만이 아니다. 요코 씨의 옷 사이즈는 36인데, 웬만한 옷은 다 입을 수 있다. 나는 탈의실 앞에서 그녀를 볼 때마다, 절대로 다이어트를 포기해선 안 된다고 맹세한다.

스스로 말하기는 뭣하지만, 요즘 나는 확실히 변했다고 생각한다. 집에 있을 때도 지저분한 차림이나 아줌마 같은 옷은 절대로 입지 않는다. 바지에 밝은 색 카디건, 티셔츠(이것은 물세탁한 것)를 주로 입는다. 여태까지는 오래된 바지라도 비싸게 주고 샀다는 이유로 그냥 집에서 입곤 했는데, 이제는 그런 짓 안 한다. 화장도 꼭 한다. 극히 적은 양이지만, 미인균이 내게도 옮겨온 듯한 기분이 든다. 앞으로는 열심히 이 균을 배양시켜야 한다. 나는 그러기 위해서도 사랑이라는 영양소는 반드시 필요하다고 생각한다. 그래, 그래, 미인에게 옮은 균은 남성의 시선에 의해 점점 번식해가는 것.

최근 나는 일주일에 한번 전문 선생에게 다이어트 레슨을 받고 있다. 아직은 체중이 그렇게 줄어들지 않았지만, 체형은 점점 변해가고 있다. 지난번에 산 바지가 헐렁해진 것이다. 나는 그렇게 많은 것을 바라지는 않는다. 다만 나를 정열의 눈으로 쳐다봐 주는 남성이 한 사람이라도 생기길 바랄 뿐이다.

요코 씨는 2년 전에 결혼(재혼)했다. 내가 그녀만큼 미인이고 인기 있다면, 결혼 따위 하지 않고 여러 남자에게 사랑받으며 살았을 것이다. 남편의 저녁식사를 만드는 대신, 여러 남자와 돌아가며 사랑을 나누는 것이다.

하지만, 요코 씨는 말한다.

"한 사람과 사랑을 주고받는다는 것은 최고로 멋진 일 아닌가요."

나는 그 기분을 잘 이해할 수 없다. 그저 '마르고 싶다, 아름다워지고 싶다, 인기 있고 싶다', 이 세 가지밖에 생각하지 않는다.

뭐, 그런 건 아무래도 좋다. 이제는 예전만큼 미녀 앞에서 긴장하거나 기죽지 않는다. 아무렇지도 않은 듯 태연하게 사람을 만나고, 싫어하는 남자에게는 좀 심술궂게 군다. 미녀의 행동이 내게도 좀 생긴 것일까. 그래, 분위기만은 확실히 파악했다.

요리의 즐거움

・이거,
진짜로
내가 구웠어요…

오늘 오랜만에 테츠오를 만났는데,
"무지하게 살 빠졌다."
하고 놀라는 것이다. 저 악담쟁이 남자조차 나의 노력에는 적잖이 놀란 모양이다.

최근 3개월 간, 나는 프랑스 요리를 배우는 것과 다이어트를 동시에 진행하고 있었다. 나 자신도 정말 멋지다고 생각한다.

골든 블루 일본학교에서는, 프랑스인 주방장이 세 가지 요리를 만들어주면 그것을 시식한다. 다음날 그중 메인 요리를 직접 조리하는 시스템이다.

"소스를 천천히 음미하면서, 같은 맛을 내야겠다고 생각하세요."
라고 주방장은 말한다. 그래서 나는 먹는다. 하지만, 디저트에는 절대로 손을 대지 않았다. 먹음직스러운 무스가 눈앞에 나와도 다른 사람에게 건넸다. 이것을 한 달 지속했더니, 체중은 별로 줄어들지 않았지만, 다이어트 체조 덕분으로 바지의 허벅지 부분이 상당히 헐거워졌다. 얼굴도 홀쭉해졌다. 너무 기쁘다. 역시 나 같은 성격은, 남에게 감시받고, 야단맞는 방법이 제일 효과가 있다.

나는 다이어트에도 열중하지만, 요리에도 완벽하게 빠졌다. 나는 요리를 배우겠다고 마음먹었을 때, 우선 생각한 것이 있었다. 그것은 반찬이 이렇다 저렇다 하는 궁상맞은 것은 싫다는 것이다. 그런 것은 집에서도 얼마든지 만들고 있다. 내가 원하는 것은 근사한 요리다. 남편을 놀래키고, 친구들의 눈을 사로잡는 특별 요리다. 따라서 나는 영화 '사브리나'에서 오드리 헵번이 배우러 다닌 파리의 전문학교를 선택했다.

여기에서 만든 것은 확실히 비일상적인 요리였다. 블랑켓 드 보, 아센느 풍, 필라프 첨가, 새끼양 나바랑, 플란타니에 풍, 넙치 퓌레 같은 발음하기도 힘든 것들뿐. 이런 것은 상당히 시간이 걸린다. 소스가 완성되었다 싶으면, 걸러내어 더욱 부드럽게 해야 하는 등, 냄비도 많이 들고 시간도 많이 든다. 덜렁대는 나는 처음에 머리가 어떻게 되는 줄 알았다. 왜냐하면, 설거지하는 것을 무지하게 싫어하는 성격인데, 개수대 안에 믿을 수 없을 만큼 많은 양의 그릇과 냄비가 쌓이기 때문이다.

하지만, 인간이란 닥치면 다 하게 되는 법. 요즘의 나는, 고기를 오븐에 넣어 익히는 동안, 얼른 그릇들을 씻어 정리한다.

드디어, 나의 프랑스 요리 실력을 발휘하는 날이 다가왔다. 집에서

십여 명의 손님을 초대하여 파티를 열기로 한 것. 나는 키쉬와 로스트비프를 굽기로 했다. 슈퍼에 가서 양고기를 2kg 사왔다. 2kg라면 꽤 많은 양이다. 그것을 조리대 위에 올려놓고, 나는 새삼스레 감개에 빠졌다.

나는 최근 2주 동안 2kg 빠졌다. 겨우 2kg라고 생각했지만, 이렇게 같은 양의 고기를 눈앞에서 보니, 상당히 많은 양이 아닌가. 부피 또한 엄청나다. 이만큼의 살이 내 몸에서 빠져나갔다니, 역시 인간승리라고밖에 말할 수 없다.

이 고기를 구운 후, 당근, 양파, 샐러리를 4등분으로 잘라 허브와 함께 볶는다. 이것은 미루푸와라고 해서, 고기에 풍미를 가하는 작업이다. 이것과 고기를 오븐에 넣고, 다음으로는 조린 국물을 야채에 부어 맛있는 소스를 만드는 것.

그 사이에 키쉬를 만든다. 밀가루와 버터, 계란을 섞어 판을 만든다. 지금까지 키쉬라고 하면, 냉동해서 파는 파이 판을 사용했지만, 이제 그런 부실한 짓은 하지 않는다. 이 방법은 간단하고, 키쉬의 맛이 확실히 다르다.

키쉬의 가장자리는 도구를 이용한다. 200엔이면 살 수 있는 핀셋 같은 것으로 집어주면, 나름대로 괜찮은 장식이 만들어진다. 베이컨과 치즈, 그리고 계란과 생크림 섞은 것을 판 위에 부어, 오븐에서 25분 굽는다. 매우 좋은 냄새가 난다. 정말 맛있다.

친구들은,
"와—, 프로 같아."

하며 감동했다. 하지만, 그것보다 더욱 모두를 놀라게 한 것은, 오븐에서 로스트비프를 꺼내 놓았을 때이다.

"집에서 이런 것을 만들다니!"

하고 칭찬을 아끼지 않았다. 이렇게 기름진 것만 있는 것이 아니다. 이 외에도 여러 가지 준비했다. 그 중에서도 자신 있게 내놓은 것이 베트남 풍의 생새우 샐러드. 생새우를 준비하고, 거기에 베트남 식 소스를 얹는다. 나는 이전부터 누쿠맘을 매우 좋아하는데, 이것은 소스에 레몬 즙과 민트를 잘라 넣은 것이다. 입 안이 상쾌해지는 요리다.

이것도 대호평이었다.

그렇다, 나는 다이어트와 쇼핑에만 빠져 있는 것이 아니다. 이렇게 사람들을 기쁘게 해주는 것도 매우 좋아한다.

《총명한 여자는 요리를 잘한다》는 책이 옛날에 있었지만, 역시, 괜찮은 여자라는 소리를 들으려면, 요리 정도는 잘할 줄 알아야 한다. 이번에 우리집에서 본격 풀 코스 디너를 열기로 했다. 그때의 테이블 세팅도 눈여겨보시라. 이번 〈앙앙〉의 '요리특집'에 신인 요리 연구가로 나가보겠다고 테츠오에게 부탁해보자.

사랑은 쟁취하는 거야

노력해도 이 수준…

추녀는 전염되지만, 미인도 전염된다. 따라서, 되도록 미인과 같이 있어야 한다고 말한 것은 테츠오다. 고분고분한 나는 테츠오의 가르침대로 미인 친구만 만나려고 애썼다.

그렇지만 이것은 참으로 짜증나는 일이었다. 왜냐하면 찬밥신세가 되어, 완벽하게 남자들로부터 무시당하기 때문이다.

나는 이미 깨달은 것이지만, 미인이란 대개 거침이 없다. 대담하고 발랄하다. 무엇을 하든 폼이 나고 사랑스럽다. 예를 들면, 외국 남자들과 함께 식사를 한 적이 있다. 나의 미인 친구는, 겨울에도 민소매 드레스를 입는다. 재킷을 입고 체형을 숨기려 하는 나와는 대조적이다. 그리고 좀 취하면 더욱 사랑스러워진다.

"나, 이만~큼 취했어요."

하며, 양손을 둥글게 들어올린다. 겨드랑이 아래가 다 보이지만, 그 모습이 매우 에로틱하다. 남자들의 시선은 모두 그녀에게 쏠린다. 그리고 헤어질 즈음 '키스해줘요' 하는 식으로, 그녀는 뺨을 남자 쪽으로 갖다댄다. 외국인들은 물론 흔쾌히 그녀의 볼에 키스한다. 악수만 하는 나하고는 전혀 다르다.

테츠오는 최근 이런 말을 했다.

"당신처럼 상처 깊은 사람은, 역시 미인과 어울리지 않는 게 좋을 것 같아."

한다. 병 주고 약 주고 정말 고약한 인간이다.

하지만, 나, 노력하고 있다. 다이어트에 성공해가고 있다는 얘기는 이미 했다. 일주일에 한번 선생이 방문해, 체중과 일주일 동안 먹은 것을 체크하고, 몸매를 탄력있게 만드는 체조를 한다. 이것으로 7kg 가까이 뺐는데, 남들은 더 많이 빠진 것 같다고 말한다. 다이어트 체조 덕분에 허리가 날씬해진 탓이다. 그 때문에 겨울부터 봄에 걸쳐 산 옷들이 전부 헐렁헐렁해지고 말았다. 인간의 감각이란 대단한 것인데, 오랜만에 방문한 상점에서는 담당 점원이 옛날 사이즈의 옷을 가지고 왔다. 그러자 눈이 '아니야!' 하고 거부해버리는 것이다.

'내가 어떻게 이런 큰 것을 입어?'

살짝 대보았는데, 확실히 남는다. 지금까지 이 사이즈의 스커트를 입었다는 것이 믿겨지지 않을 정도다.

살이 빠져서 달라진 게 무엇이냐 하면, 옷차림이 매우 좋아졌다는 것이다. 여태까지는 집에 있을 때, 보풀 일어난 스웨터에 고양이털 붙은 스커트, 게다가 허리가 꽉 껴 지퍼를 반쯤 내려 입는 게 보통이

었다. 남편조차,

"집에 있을 때, 좀 단정한 차림으로 있을 수 없어?"

하고 잔소리를 해댈 정도. 하여튼 후줄근한 것만 골라 입었다. 하지만, 살이 빠진 지금은 다르다. 귀여운 니트에 질 샌더의 진이나 바지를 맞춰 입는다. 예전에 사둔 브랜드 옷도 총동원시키고 있다. 그렇다, 니트 따위 비싸봤자 어차피 니트, 집안에서 즐겁게 입자.

얼마 전에는 친구의 생일 파티가 있었다. 호텔에서 열린 성대한 파티로,

"멋진 남자들이 잔뜩 올 테니까, 신경 좀 써."

하고 친구가 전화를 걸어왔다. 뭐, 나름대로 멋을 내고 나갔는데, 너무나 살이 빠진 모습에 다들 깜짝 놀라는 것이었다.

"굉장히 아름다워졌어요."

하고 사람들은 칭찬을 아끼지 않았지만, 왠지 공허해지는 나. 왜냐하면 그날 아침, 요전에 즐거웠어요, 하는 편지와 함께 다른 파티에서 찍은 스냅 사진을 받았다. 거기에는 미인 친구들과 같이 찍은 내가 있었다. 뭔가 격이 다르다는 느낌.

나 같은 여자는 어차피 노력해도 이 수준이란 말인가……하고, 기운이 쑥 빠지는 것 같았다.

테츠오는 또 조언해준다,

"미인과 만나 두세 개 포인트를 훔치고, 만남을 끝내는 게 현명해."

하지만, 나는 그녀들을 좋아하고, 앞으로도 친구로 삼고 싶다. 이

러지도 못하고 저러지도 못하고, 우물쭈물…….

또 최근의 일인데, 나는 모 유명 남성과 대담을 했었다. 나는 이 사람과 가끔 그룹 모임을 통해 만나지만, 1대 1로 만난 적은 없다. 하지만, 그는 내가 '안기고 싶은 남자' '재혼하고 싶은 남자' 넘버1에 올려놓은 사람이다.

"이번 대담 때 이탈리안 레스토랑에서 둘이서만 식사하고 싶어요." 하고 내가 말했더니, 그도 흔쾌히 받아들였다. 하지만, 그 자리에 싫어하는 여자가 합석했다. 앞에서 말했던 마성의 여인, 편집자 나카세이다. 그녀도 이 남성을 동경하고 있어, 자기 담당도 아닌데 합석한 것이다. 그녀의 원망스러운 시선에 기죽어, 나는 힘없이 말했다.

"나카세도 같이 해요……. 이렇게 왔는데 어쩔 수 없잖아요……."

"하야시 씨, 평생 은인으로 여길게요."

그녀는 눈물을 글썽거렸다.

"그런데 하야시 씨, 나니까 봐주는 거죠? H씨(일본 제일의 미녀 편집자)였으면 국물도 없었을 텐데."

맞는 말이지만, 내가 다른 사람에게 상처를 주었다는 생각에 잠시 반성했다.